상하이어  열공
첫걸음

KB077545

'후(沪)'라고 약칭하는 상하이(上海)는 중국 4개 직할시 중 하나로 2500만 인구가 거주하고 있으며, 중국 경제, 금융, 무역, 항공운수, 과학기술 혁신의 중심이다. 특히 상하이 고유의 문화가 축적되어 상하이 문화의 근간이 되는 상하이어는 오(吳) 방언을 대표하는 방언이다.

지금에 와서는 상하이 사람들이 일상생활에서 표준어를 많이 사용하고 있지만, 가정에서나 상하이 사람들과의 만남에서는 상하이어를 즐겨 사용한다.

 열공! 상하이어 첫걸음의 특징

이 교재의 주요 특징은 다음과 같다.

1 상하이어 발음을 이해하기 쉬운 로마자로 표기하여 간결하고 명확하다. 또한 한글로 상하이어 발음을 표기하여 처음 배우는 학습자도 쉽게 시작할 수 있도록 하였다.

2 본문의 주제와 내용이 실제 생활에 가깝고 대부분 일상생활용어로 구성되어 있어서 생동감 있고 실용적이다. 본문을 중심으로 잘 공부하면 상하이 사람들과의 기본적인 의사소통이 가능할 것이다.

3 본 교재는 상하이어 본문 옆에 표준어를 제시하고 있어서, 표준어를 이미 배운 중국어 학습자가 대조하며 학습할 수 있도록 도와주고 있다.

4 상하이어 구문 및 어법 설명이 매우 체계적이고, 표준어 어법과 대조하여 설명하고 있어 대조학습이 가능하다. 또한 평소 사용빈도가 높은 예문과 어휘를 제시하고 있으며, 표현연습을 통해서 상하이어의 주요 문형을 연습할 수 있도록 하였다.

5 본 교재의 'Shanghai Talk'에서는 상하이에 관한 각종 정보 및 실제 모습을 소개하고 있어 상하이에 대해서 이해하는 데 도움이 될 것이다.

6 세 과마다 보충 어휘 및 표현을 제시하고 있어 상하이어 표현 능력을 향상시킬 수 있다.

상하이어를 어떻게 잘 배울까

한국인이 상하이어를 배우는 데는 용이한 부분이 많이 있으리라 생각한다. 우선, 상하이어의 대다수 자음은 한국어 자음과 비슷해서 발음에 있어서 상대적으로 쉽게 배울 수 있다. 사람에 따라서는 표준어보다 상하이어를 더 쉽게 배울 수 있다.

다음으로, 본 교재 내용이 어렵지 않고 구성이 잘 짜여 있으며 발음표기가 간결하여 배우기가 쉽다. 학습자가 충분히 연습하고 포기하지 않고 열심히 공부한다면 분명히 상하이어를 마스터할 수 있을 것이다.

특히 상하이에서 거주하고 있거나 거주하지는 않더라도 종종 상하이를 방문하는 한국인들이 상하이어를 배워두면 여러 모로 유용하게 사용할 수 있으리라 생각한다.

상하이어를 배우는 과정에서 상하이어를 써보는 것을 두려워하지 말고, 상하이 사람들과 많이 접촉하고 가능한 상하이어로 교류한다면 많은 도움이 될 것이다. 그들은 매우 친절하고 손님 접대하는 것을 좋아한다는 것을 알아둬야 한다. 만약 한국인 친구가 그들에게 상하이어로 말을 하면 그들은 특히나 가까워짐을 느낄 것이고, 그러면 당신은 업무에서나 생활에서 더 많은 편리함을 얻게 될 것이다.

상하이어를 잘 배워두는 것도 중요하지만 상하이의 문화나 풍속을 이해하는 것도 상하이 친구들과 교류하는 데 큰 도움이 될 것이다.

 ## 추천의 글

상하이에서 공부한 후 고려사이버대학교에서 재직해 온 김정은 교수와 상하이에서 공부한 후 교편을 잡아온 김민영 박사가 함께 집필한 이 책은 한국에서 처음으로 출판되는 한국인을 위한 상하이어 교재라는 점에서 의미가 크다.
이 교재는 한국 친구들이 상하이어를 배우고 연구하는 데 그 기초가 될 것이며, 상하이 사람과 한국인과의 우정에 큰 기여를 할 것이라고 믿는다.

상하이 푸단대학교
판샤오

2020. 초여

이 책의 활용과 구성

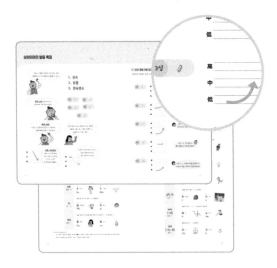

상하이어의 발음 특징

상하이어의 특징을 비롯하여 자음과 모음, 성조에 대해 익히고 연습할 수 있도록 구성하였다.

본문대화 / 새로운 어휘

실생활에 활용할 수 있는 표현을 중심으로 제시하고 있으며, 로마자와 한글로 상하이어 발음을 표기하여 쉽게 익힐 수 있도록 하였다. 또한 상하이어 본문대화의 표준어 표현을 함께 제시하고 있어, 상하이어와 표준어를 대조해서 학습할 수 있도록 구성하였다.

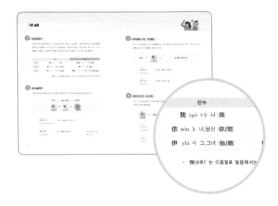

구문설명

주요 구문의 어법 및 문장구조에 대해서 표준어 어법과 대조하여 설명하여 쉽게 이해할 수 있도록 하였다. 또한 사용빈도가 높은 예문을 함께 제시하여 다양한 표현을 학습할 수 있도록 하였다.

표현연습

주요 문형을 중심으로 패턴연습을 할 수 있도록
구성하였다.

● Shanghai Talk

상하이 문화에 관한 부분으로 'Shanghai Quotes'
에서는 상하이에 관한 속담이나 유명인사의 글
귀 등을 제시하였다. 'About Shanghai'에서는 해
당 과의 주제에 맞는 상하이에 관한 각종 문화
및 관련 정보를 제시하여 상하이에 대한 이해를
높이고자 하였다.

● Hot tip / Shanghainese Interview

'Hot tip'에서는 상하이에 관한 간단한 정보나 tip
을 제공하였고, 'Shanghainese Interview'에서는
30대 상하이 남녀 두 사람을 대상으로 인터뷰한
내용을 담아 실제 상하이 사람의 생각을 들어보
고자 하였다.

● 한 걸음 더~ 표현&단어 UP

세 과마다 보충 어휘 및 표현을 제시하여 표현
력 향상에 도움이 되도록 하였다.

차례

01 侬好 안녕하세요 49

| 인사 나누기 | 이름 묻고 말하기 | 상하이 개요

| 인칭대명사 | 동사술어문 | 의문대명사 '啥' | 정도부사 '老'

02 我格生日五月两号 제 생일은 5월 2일이에요 58

| 나이와 생일 말하기 | 날짜와 요일 말하기 | 상하이 사람들의 특징

| 숫자 읽기 | 날짜와 요일 표현 | 어기조사 '勒' | 구조조사 '格'

한 걸음 더~표현 & 단어 up! 다양한 인사말 & 나라이름 69

03 侬屋里有几个人? 당신 집에 가족이 몇 명이에요? 72

| 가족에 대해 묻고 말하기 | 형제자매에 관해 묻고 말하기 | 상하이 사람들의 생활

| 수량 표현 | '是'자문 | '有'자문 | 의문조사 '哦'

04 伊个是啥物事? 저것은 무엇이에요? 84

| 거주지 묻고 말하기 | 지시 표현 사용하기 | 상하이의 건축 및 주거 특징

| 지시대명사 '搿, 伊' | 동사 '勒辣' | 의문대명사 '鞋里' | 의문대명사 '啥'의 수식 기능

상하이어와 표준어의 차이

상하이어와 표준어는

큰 범위에서 같은 중국어에 속하기 때문에 공통점이 있으며, 특히 어법적으로 그러하다. 하지만 상하이어는 방언이기 때문에 표준어와는 다른 그 자체의 특징도 있다. 특히, 발음에 있어서 상하이어 자체의 체계가 있으며, 어휘에 있어서도 차이점이 있다. 상하이어를 배우기에 앞서 상하이어에 어떤 특징이 있는지 알아보는 것은 상하이어 학습에 큰 도움이 될 것이다. 자, 상하이어와 표준어의 주요 차이점을 알아보도록 하자.

상하이어와 표준어의 차이

1

百 백

| 표 | **bai** 바이 |
| 상 | **bak** 빡 |

白 백

| 표 | **bai** 바이 |
| 상 | **bhak** 박 |

百, 白은 표준어로는 모두 'bai'이지만, 상하이어로 '百'은 'bak', '白'은 'bhak'이다. 유성음은 '-h'를 써서 표기한다.

点 점

| 표 | **dian** 띠엔 |
| 상 | **di** 띠 |

电 전

| 표 | **dian** 띠엔 |
| 상 | **dhi** 디 |

点, 电 역시 표준어로는 모두 'dian'이지만, 상하이어로는 유성음 구분을 하여 '点'은 'di'로, '电'은 'dhi'로 표기한다.

> 표준어는 유성음 (또는 탁음 濁音) 자음이 없지만, 상하이어는 유성음 자음이 있어.

2

十

| 표 | **shi** 스 |
| 상 | **zhek** 적 |

一

| 표 | **yi** 이 |
| 상 | **yik** 익 |

입성은 한국어의 '각, 낙, 박' 등과 같이 받침이 있다기 보다는 성문을 폐쇄시키면서 짧게 끊는 듯 발음한다.

본 교재는 '-k'로 입성을 표기한다.

> 표준어는 입성이 없지만, 상하이어는 입성이 남아있어.

| 표 | 표준어 |
| 상 | 상하이어 |

3

	因	英		今	经
표	yin 인	ying 잉	표	jin 진	jing 징
상	yin 잉	yin 잉	상	jin 징	jin 징

상하이어는 비음 '-n -은'과 '-ng -응'을 구분하지 않고, '-n'으로 표기하고 발음은 '-ng'으로 한다.

표준어는 비음 -n(-은)과 -ng(-응)을 구분해서 사용하지만, 상하이어는 -n과 -ng를 구분하지 않아.

4

	走	中		四	水
표	zou 쩌우	zhong 쫑	표	si 쓰	shui 쉐이
상	zoe 쩌우	zon 쫑	상	si 쓰	si 쓰

표준어는 '走zou / 中zhong' 자음을 구분해서 발음하지만, 상하이어는 모두 'z'로 발음하고, '四si / 水shui'도 상하이어는 모두 's'로 발음한다.

권설음이란? 혀끝을 살짝 말아 올려 발음하는 자음

표준어는 권설음 발음이 있어서 zh, ch, sh 와 z, c, s 를 구분해서 발음 하지만, 상하이어는 권설음이 없어.

5

	王		黄
표	wang 왕	＝	huang 황
상	hhuan 왕	≠	hhuan 왕

표준어에서는 발음이 서로 다른 글자들이 상하이어에서는 발음이 같은 경우가 있어.

1

格末 꺼머 그럼

过忒 꾸터 지나다

어떤 어휘들은 상하이어에만 있고 표준어에는 없어.

格末 꺼머 는 표준어 '那么 나머'에 해당하고,
过忒 꾸터 는 표준어 '过去 꾸어취'에 해당한다.

2

吃 표 → (음식을) 먹다

상 → (음식을) 먹다
(물을) 마시다
(담배를) 피우다

같은 글자를 쓰지만 의미가 다른 경우도 있어.

吃는 표준어에서 '(음식을) 먹다'라는 의미로만
쓰이는 반면, 상하이어에서는 '먹다' 외에도 '吃
水 칙쓰'와 같이 '물을 마시다', '吃烟 칙이'와
같이 '담배를 피우다'라는 의미로도 쓰인다.

3

반대로 같은 의미지만 서로 다른 글자를 쓰는 경우도 있어.

너, 당신
(2인칭)

표 → **你** 니

상 → **侬** 농

너, 당신과 같은 2인칭을 가리킬 때 표준어는
'**你** 니'라고 하지만 상하이어는 '**侬** 농'이라고 한다.

4

오늘

표 → **今天** 진티엔

상 → **今朝** 찡조

같은 의미지만 단어의 일부를 다르게 쓰는 경우가 있어.

그 밖에도 '비가 오다'는 표준어로 '**下雨** 샤위'
라고 하지만 상하이어로는 '**落雨** 록위'라고 한다.

5

단어의 글자 순서가 뒤
바뀌는 경우가 있다.

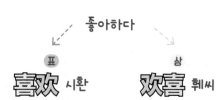

좋아하다

표
喜欢 시환

상
欢喜 훠씨

그 밖에도 '시끌벅적하다'는 표준어로는 '热闹 러나오'라고 하지만 상하이어는 '闹
热노닉'이라고 한다.

6

일부 명사 중에 표준어에서는
접미사를 붙이지 않지만, 상하이어에서는
접미사 子 (쯔) 를 붙이는 경우가 있어.

자동차

표
车 처

상
车子 추쯔

그 밖에도 '표, 티켓'을 말할 때 표준어는 '票퍄오'라고 하지만, 상하이어는 '票
子표쯔'라고 한다.

7

상하이어는 접미사 头 (더우)를
상당히 광범위하게 사용해.

종이

표
纸 즈

상
纸头 쯔더우

그 밖에도 '코'를 말할 때 표준어는 '鼻子
비쯔'라고 하지만 상하이어에서는 '头'를 붙여서
'鼻头 비엑더우'라고 한다.

8

상하이어에는
입말과 글말을 구분해서
사용하는 글자가 있어.

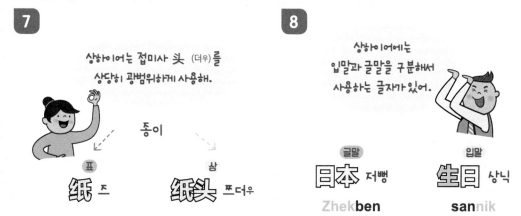

글말
日本 저뻥
Zhekben

입말
生日 상닉
sannik

그 밖에도 '大' 역시 '大学다오, 大世界 다스까'에서는
'dha'로 발음하지만, '大号 두오, 大转弯
두쬐왜'에서는 'dhu'로 발음한다.

3. 어법상의 차이

상하이어와 표준어는 어법에 있어서
큰 차이가 있지는 않으며,
다음 몇 가지로 정리할 수 있어.

1

표준어의 서술문에서는 목적어가 주로 동사
뒤에 위치하는데, 상하이어는 목적어가 동사
앞에 위치하는 경우가 많다.

경우에 따라
어순이 달라져.

표준어

동사 **+** 목적어

부사 **+** 술어

상하이어

목적어 **+** 동사

술어 **+** 부사

"식사하셨어요?"

㊜ 你吃饭了吗?

㊝ 侬饭吃勒哦?

"곧 도착해"

快到了

到快勒

2

소유를 나타내는 구조조사

 ~의
㊜ 的 de
㊝ 格 gek

의문을 나타내는 구조조사

 ~까?
㊜ 吗 ma
㊝ 哦 vak

완료를 나타내는 구조조사

 ~다.
㊜ 了 le
㊝ 勒 lek

표준어와 상하이어에서
쓰이는 허사가 달라.

허사는 대부분 어법의미를 나타내는데, 표준어와 상하이어에서
다른 허사가 같은 어법의미를 나타낸다.

상하이어의 발음과 성조

상하이어란

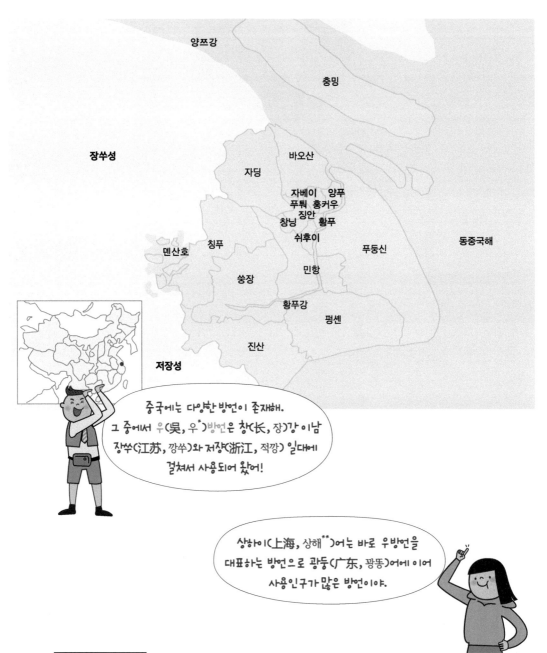

중국에는 다양한 방언이 존재해.
그 중에서 우(吳, 우°)방언은 창(长, 장)강 이남
장쑤(江苏, 깡쑤)와 저장(浙江, 적깡) 일대에
걸쳐서 사용되어 왔어!

상하이(上海, 상해**)어는 바로 우방언을
대표하는 방언으로 광둥(广东, 꽝똥)어에 이어
사용인구가 많은 방언이야.

---

*   지명, 인명 등 고유명사는 '표준어 발음 (간체자, 상하이어 발음)'으로 표기한다.

**   '上海 Zhánhae '는 본 교재의 발음표기 원칙 상 '장해'라고 표기해야 하지만, 보편성을 고려하여
     예외적으로 '상해'라고 표기한다.

상하이어는 후위(沪语, 우위) 또는
상하이시엔화(上海闲话, 상해애우) 라고 해.

$$상하이어 = \underset{후위}{\overset{우위}{沪语}} = \underset{상하이시엔화}{\overset{상해애우}{上海闲话}}$$

사실 상하이어의 원조는
쑤저우(苏州, 쑤쩌우)어라고 할 수 있어.

왜?

쑤저우어 >>> 상하이어

이 때문에 상하이어도 쑤저우어와
마찬가지로 '부드럽고 감미로운 언어라는
특성을 가지고 있구나.

상 ~하이어 ~

쑤저우어가 2500년의 역사를 가지고 있다면
상하이어는 700년의 역사에 그치고 있기때문이야!

상하이어는 흡수성, 전파성, 창조성
세 가지 특징이 있어.

첫째, 흡수성

이민자의 도시인 상하이는
중국 각 지역에서 사람들이
모여들었던 곳이야.

상하이

그래서 각 지역의 다양한 어휘들을 흡수하는 데
배타적이지 않아. 닝뽀(宁波, 닝뿌)어의 아라
(阿拉), 쑤저우어의 빠샹(白相) 등이 있어.

닝뽀어 아라
阿拉
우리

쑤저우어 빠샹
白相
놀다

둘째, 전파성

문화와 경제의 중심인
상하이어 어휘가
표준어에 전파되기도 했어.

상하이어		>> 표준어
尴尬 난처하다	깨까	깐까
脚踏车 자전거	쨔닥추	쟈오타처
打样 파장하다	땅양	따양
泡茶 차를 타다	포조	파오차

셋째, 창조성

개항 후, 서양문물이 상하이로 대거 들어오면서 다량의 외래어가 음역 또는 의역되어 사용되었어.

이러한 어휘들은 다시 중국 전국으로 보급되었지.

쑤파
沙发
sofa

까나다
加拿大
Canada

무라쏭
马拉松
marathon

무다
马达
motor

빠래디
白兰地
brandy

이러한 어휘들은 상하이어 발음이 원어의 발음에 더 가까워.

상하이어의 한자표기 및 한자음

상하이어는 문자기반의 언어라기 보다는 말(음성) 기반 언어야.

문자 ~~기반~~   말(음성) 기반

즉, 조사나 개사(전치사) 등은 한자를 차용해서 쓴 경우가 많아서 여러 표기법이 존재해.

따라서 하나의 단어가 각기 다른 한자로 표기되는 사례가 종종 있어. 즉 상하이어에는 말이 있어도 표기법이 정해지지 않은 경우가 있지.

표기법 ~~X~~

음
呒 없다

박
哦 ~입니까?

또한 상하이어에는 표준어에서 볼 수 없는 侬(nón, 농), 呒(m̀, 음), 哦(vak, 박) 등과 같은 한자가 있어.

농
侬 당신, 너

일부 한자는 본래의 의미와는 전혀 무관하게 단순히 발음만 나타내기도 해.

상하이어의 일부 한자는 같은 의미지만 글말 발음과 입말 발음 두 가지가 있어.

글말 발음

① **zhén** 전

입말 발음

② **nín** 닝

zhén은 글말 발음이고, nín은 입말 발음이야.

글말발음 → zhénmin

人民 인민

전밍

입말발음 → xiāonín

小人 아이

쇼닝

입말이란? 일상대화에서 쓰는 말

글말이란? 문자로 표기한 말

입말 발음은 상하이어 고유의 읽는 법이고, 글말 발음은 표준어 어휘를 상하이어로 받아 들이면서 생긴 거야.

상하이어의 발음 특징

 상하이어 발음의 특징은 크게 성조, 음절, 연속변조 세 가지 측면에서 살펴볼 수 있어.

1. 성조
2. 음절
3. 연속변조

첫째, 성조 상하이어에는 다섯 개의 기본 성조가 있어.

1성		2성	
3성		4성	
	5성		

둘째, 음절
자음은 유성음과 무성음으로 구분되며, 성문폐쇄음(입성)이 남아있어.

또한 상하이어에는 표준어에 있는 권설음이나 얼화(er화)음이 없으며, 그밖에도 -n(-ㄴ)과 -ng(-ㅇ) 발음의 구분이 없어.

얼화음이란? 어미에 '儿(er)'을 붙여 운모를 권설운모로 변화시키는 것

셋째, 연속변조
상하이어는 글자마다 고유의 성조가 있지만, 한 글자 단어만 원 성조대로 발음해.

高
中
低

두 글자 이상의 단어나 어구는 성조가 변하게 되는데, 이를 연속변조 라고 해.

高
中
低

● 다섯 개의 기본 성조 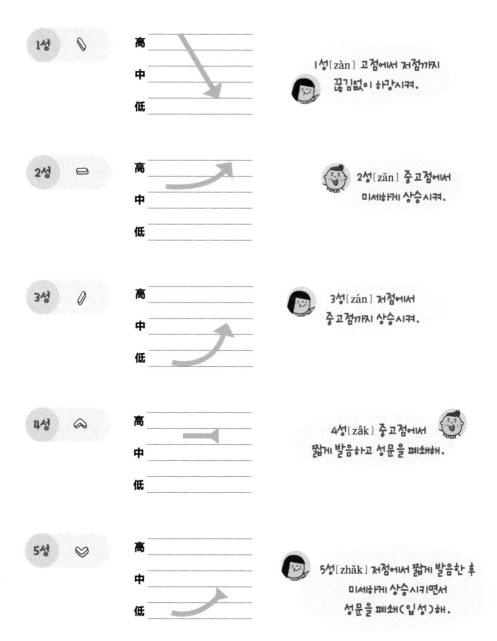 01

상하이어 음절에는 음의 고저를 나타내는 성조가 있으며, 1성에서 5성까지 모두 다섯 개이다.

1성 〰

高
中
低

1성[zàn] 고점에서 저점까지
끊김없이 하강시켜.

2성 ⊝

高
中
低

2성[zān] 중고점에서
미세하게 상승시켜.

3성 ⁄

高
中
低

3성[zán] 저점에서
중고점까지 상승시켜.

4성 ⌄

高
中
低

4성[zâk] 중고점에서
짧게 발음하고 성문을 폐쇄해.

5성 ⌵

高
中
低

5성[zhǎk] 저점에서 짧게 발음한 후
미세하게 상승시키면서
성문을 폐쇄(입성)해.

성조 부호는 모음자 위에 붙이지만 모음자가 여러 개일 경우 단모음은 첫 모음, 복모음은 앞에서 두 번째 모음에 붙여.

모음자가 없는 음절은 자음에 붙이고, 두 개의 자음자로 이루어진 음절은 앞자음자에 붙여.

kuā
콰

sàe
째

ńg
-응

🎧 02

1성	째 三 3 sàe	뚜 多 많다 dù	
	지 鸡 닭 jì	꼬 高 높다 gào	
2성	쓰 四 4 sī	호 好 좋다 hāo	
	저 九 9 jīoe	싱 姓 성씨 xīn	

9월

3성	량 **两** 둘 lián		응우 **我** 나 ngó
	응 **五** 5 ńg		농 **侬** 너 nón
4성	익 **一** 1 yîk		빡 **八** 8 bâk
	칙 **七** 7 qîk		꼭 **国** 나라 gôk
5성	록 **六** 6 lŏk		걱 **㧤** 이것 ghĕk
	적 **十** 10 zhĕk		벅 **勿** 아니다 vĕk

● 상하이어의 음절*

음절은 보통 자음과 모음이 결합하여 이루어지며, 경우에 따라 자음이나 모음만으로도 음절을 이룰 수 있다.

모음　모음은 단모음, 이중모음, 비음 복합모음, 성문폐쇄 복합모음이 있다.

단모음　　　　　　　　　　　　　　🎧 03

	입을 크게 벌려 '아'로 발음한다.	
a ā 아	다 帶 몸에 지니다 dā	마 买 사다 má

	입을 옆으로 충분히 벌려 '애'로 발음한다.	
ae āe 애	래 来 오다 láe	배 办 하다 bháe

	입을 옆으로 적게 벌려 '에'로 발음한다.	
e ē 에	베 陪 제공하다 bhé	떼 对 맞다 dē

	입을 둥글게 두고 입술모양을 변화시키지 않으면서 '외'로 발음한다.	
eu ēu 외	쾨 看 보다 kēu	쒸 酸 시다 sèu

---

* 본 교재의 상하이어 발음은 판샤오(范曉) 교수님(푸단대학교 중문과 교수)이 만든 로마자 표기법에 따라 표기하였다. 표준어 한어병음 표기법과는 차이가 있음에 유의해야 한다.

oe
ōe 어우

입을 반쯤 벌리고 혀를 안쪽으로 당기면서 '어우'로 발음한다.

쩌우
走 가다
zōe

써우
收 받다
sòe

ao
āo 오

입을 벌려 안쪽에서 '오'로 발음한다.

호
好 좋다
hāo

보
跑 달리다
bháo

o
ō 우

입술을 둥글게 벌려 '오' 모양으로 하고 '우'로 발음한다.

주
茶 차
zhó

무
马 말
mó

yi(-i)
yī 이

입술을 옆으로 벌려 '이'로 발음한다.

찌
寄 부치다
jī

씨
戏 연극
xī

wu (-u)
wū 우

입술을 모아서 '우'와 '으' 중간음으로 발음한다.

루
路 길
lú

주
坐 앉다
zhú

yu
(-u,-ü)
yù 위

입술을 모아서 '위'로 발음한다.

위
雨 비
yhú

쥐
贵 비싸다
jū

 이중모음

ya(-ia) yā 야	'a' 앞에 'i'를 붙여 '이아(야)'로 발음한다. 싸 写 쓰다 xiā 야 夜 밤 yhiá
yae (-iae) yāe 얘	'ae' 앞에 'i'를 붙여 '이애(얘)'로 발음한다. 니애 廿 20 niáe **20**
yoe (-ioe) yōe 여우	'oe' 앞에 'i'를 붙여 '여우'로 발음한다. 쩌우 酒 술 jiōe 여우 有 있다 yhióe
yao (-iao) yāo 요	'ao' 앞에 'i'를 붙여 '이오(요)'로 발음한다. 쏘 小 작다 xiāo 죠 桥 다리 jhiáo
wa (-ua) wā 와	'a' 앞에 'u'를 붙여 '우아'로 발음한다. 콰 快 빠르다 kuā 와 坏 고장나다 hhuā
wae (-uae) wāe 왜	'ae' 앞에 'u'를 붙여 '우애'로 발음한다. 꽤 关 닫다 guàe 왜 还 돌려주다 hhuáe

we
(-ue)
w<u>ē</u> 웨

'e' 앞에 'u'를 붙여 '우에'로 발음한다.

꿰
桂 월계수
gu<u>ē</u>

웨
会 만나다
hhué

weu
(-ueu)
w<u>ē</u>u 우외

'eu' 앞에 'u'를 붙여 '우외'로 발음한다.

꾸외
管 관리하다
gu<u>ē</u>u

우외
换 교환하다
hhuéu

yueu
(-ueu)
yu<u>ē</u>u 위외

'eu' 앞에 'yu'를 붙여 '위외'로 발음한다.

위외
远 멀다
yhuéu

쒸외
揎 손으로 밀다
xuèu

이중 모음은 ya(-ia), yae(-iae),
yoe(-ioe), yao(-iao), wa(-ua),
wae(-uae), we(-ue), weu(-ueu),
yueu(-ueu)이 있어.

비음 복합모음

an ān 앙	'앙'으로 발음한다.	
	打 ^땅 치다 dān	冷 ^랑 춥다 lán

en ēn 엉	'엉'으로 발음한다.	
	等 ^떵 기다리다 dēn	门 ^멍 문 mén

on ōn 옹	'옹'으로 발음한다.	
	懂 ^똥 이해하다 dōn	红 ^옹 빨갛다 hhón

yin (-in) yīn 잉	'잉'으로 발음한다.	
	停 ^띵 멈추다 dhín	醒 ^씽 (잠에서)깨다 xīn

yan (-ian) yān 양	'이앙'으로 발음한다.	
	想 ^썅 생각하다 xiān	两 ^량 둘 lián

yon (-ion) yōn 용	'이옹'으로 발음한다.	
	绒 ^뇽 울 nión	凶 ^쑝 심하다 xiòn

30

wan
(-uan)
wān 왕

'우앙'으로 발음한다.

왕
黄 노랗다
hhuán

꽝
光 빛
guàn

wen
(-uen)
wēn 웡

'우엉'으로 발음한다.

쿵
困 피곤하다
kuēn

꿍
滚 끓다
guēn

yun
(-un)
yūn 윙

'윙'으로 발음한다.

쥥
群 무리
jhún

쮱
军 군대
jùn

상하이어는 비음 -n(-ㄴ) 과
-ng(-ㅇ) 을 구분하지 않으며,
-n 과 -ng 을 모두 -ng 로 발음해.

성문폐쇄 복합모음

상하이어에서 -k 는 성문폐쇄(입성)를 나타내는데, 그 받침을 넣어 발음하기 보다는 짧게 끊는 듯 성문을 닫으며 발음해.

실제 상하이어 회화에서는 성문폐쇄가 약하게 발음되어 거의 들리지 않는 경우가 있기 때문에,

본 교재에서는 한국어 발음 표기 시 폐쇄음을 -ㄱ 으로 드러내지 않을 수도 있어.

âk

yik

 06

ak âk 악	'악'으로 발음한다. 빡 八 8 bâk 박 白 하얗다 bhâk
ek êk 억	'억'으로 발음한다. 빽 拨 주다 bêk 적 十 10 zhêk
ok ôk 옥	'옥'으로 발음한다. 록 六 6 lôk 쪽 粥 죽 zôk

yik
(-ik)
yîk 익

'익'으로 발음한다.

칙
七 7
qîk

닉
热 뜨겁다
nîk

yak
(-iak)
yiâk 약

'이아(약)'으로 발음한다.

약
药 약
yhiâk

짝
脚 다리
jiâk

yok
(-iok)
yiôk 욕

'이옥(욕)'으로 발음한다.

뇩
肉 고기
niôk

쪽
菊 국화
jiôk

wak
(-uak)
wâk 왁

'우악(왁)'으로 발음한다.

꽉
刮 깎다
guâk

왁
滑 미끄럽다
hhuâk

wek
(-uek)
wêk 웍

'우억(웍)'으로 발음한다.

퀵
阔 넓다
kuêk

웍
活 살다
hhuêk

yuek
(-uek)
yuêk 위엑

'위엑'으로 발음한다.

쒸엑
血 피
xuêk

위엑
月 월
yhuêk

자음

자음은 모음과 결합하여 음절을 이룬다.

양순음(입술소리) ♫ 07

b-
bā 빠

우리말의 'ㅂ'에 해당하며, 입술을 붙였다 떼면서 발음한다.

뽁
北 북쪽
bôk

뽀
饱 배부르다
bāo

p-
pā 파

우리말의 'ㅍ'에 해당하며, 입술을 붙였다 떼면서 강하게 발음한다.

팍
拍 촬영하다
pâk

표
票 표
piāo

bh-
bhá 바

우리말의 'ㅂ'에 해당하며, 입술을 붙였다 떼면서 성대를 울려 발음한다.

복
薄 얇다
bhǒk

보
跑 달리다
bháo

m-
mā 마

우리말의 'ㅁ'에 해당하며, 입술을 붙이고 성대를 울려 발음한다.

먹
墨 먹
měk

마
买 사다
má

m
m̀ 음

우리말의 '음'에 해당하며, 모음을 수반하지 않고 단독으로 음절을 이룬다.

음머
呒没 없다
m̄mek

음마
姆妈 엄마
m̀ma

영어 'f'에 해당하며, 윗니와 아랫입술을 마찰시키면서 발음한다.

f-
fā 파

풍
风 바람
fòn

팍
发 싹이 나다
fâk

영어 'v'에 해당하며, 윗니와 아랫입술을 마찰시키면서 성대를 울려 발음한다.

v-
vá 바

번
文 글
vén

벅
勿 ~하지 않다
vêk

자음은 모음과 결합하여
음절을 이뤄.

설첨음(혀끝소리)

---

d-
dā 따

우리말의 'ㄷ'에 해당하며, 혀끝을 윗니 안쪽에 붙였다 떼면서 발음한다.

到 ^또 도착하다
dāo

东 ^똥 동쪽
dòn

---

t-
tā 타

우리말의 'ㅌ'에 해당하며, 혀끝을 윗니 안쪽에 붙였다 강하게 떼면서 발음한다.

汤 ^탕 国
tàn

忒 ^턱 매우
têk

---

dh-
dhá 다

우리말의 'ㄷ'에 해당하며, 혀끝을 윗니 안쪽에 붙였다 떼면서
성대를 울려 발음한다.

蛋 ^대 달걀
dháe

踏 ^다 밟다
dhăk

---

n-
ná 나

우리말의 'ㄴ'에 해당하며, 혀끝을 윗니 안쪽에 붙였다 떼면서 발음한다.

侬 ^농 당신
nón

南 ^뇌 남쪽
néu

---

l-
lá 라

우리말의 'ㄹ'에 해당하며, 혀끝을 윗니 안쪽에 붙였다 떼면서 발음한다.

老 ^로 매우
láo

落 ^록 떨어지다
lŏk

연구개음 (뒤혓바닥소리)

우리말의 'ㄲ'에 해당하며, 혀뿌리로 연구개를 막았다가 떼면서 발음한다.

g-
gā 까

^꼬
高 높다
gào

^껙
个 ~개
gêk

우리말의 'ㅋ'에 해당하며, 혀뿌리로 연구개를 막았다가 강하게 떼면서 발음한다.

k-
kā 카

^콩
空 비다
kōn

^콕
哭 울다
kôk

우리말의 'ㄱ'에 해당하며, 혀뿌리로 연구개를 막았다가 떼면서 성대를 울려 발음한다.

gh-
gháng 가

^고
搞 하다
gháo

^껙
搿 이것
ghĕk

혀뿌리로 연구개를 막은 상태로 멈춰서 울리면서 발음한다.

ng-
ngá 응아

^{응우}
我 나
ngó

^{응아}
牙 치아
ngá

우리말의 '응'에 해당하며, 모음을 수반하지 않고 단독으로 음절을 이룬다.

ng
ńg 응

^응
五 5
ńg

^응
嗯 응
ǹg

37

h- hā 하	우리말의 'ㅎ'에 해당하며, 허뿌리와 연구개를 마찰시켜 발음한다. 호 好 좋다 hāo	헉 黑 까맣다 hêk
hh- hhá 아	허뿌리와 연구개를 마찰시키면서 성대를 울려 발음하며, 'ㅎ'발음은 무음으로 발음한다. 웨 回 돌아가다 hhué	옥 学 배우다 hhǒk

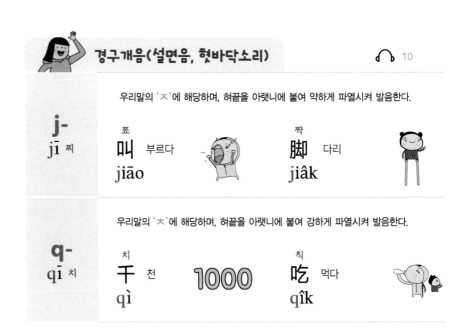

경구개음(설면음, 헛바닥소리) 🎧 10

j- jī 찌	우리말의 'ㅈ'에 해당하며, 혀끝을 아랫니에 붙여 약하게 파열시켜 발음한다. 쬬 叫 부르다 jiāo	짝 脚 다리 jiâk
q- qī 치	우리말의 'ㅊ'에 해당하며, 혀끝을 아랫니에 붙여 강하게 파열시켜 발음한다. 치 干 천 1000 qì	칙 吃 먹다 qîk

jh- jhí 지	우리말의 'ㅈ'에 해당하며, 혀끝을 아랫니에 붙여 약하게 파열시키면서 성대를 울려 발음한다.

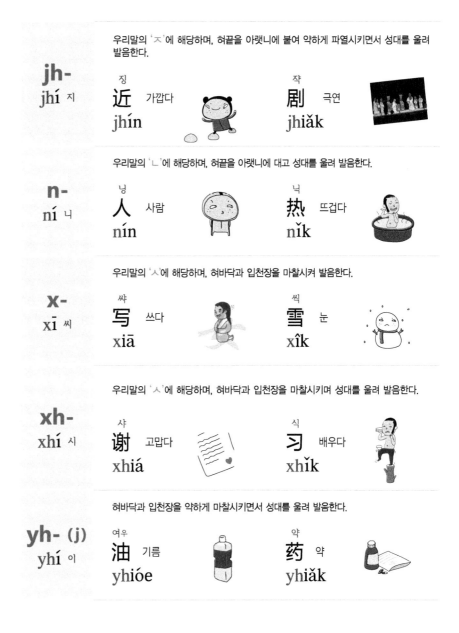

jh-
jhí 지

우리말의 'ㅈ'에 해당하며, 혀끝을 아랫니에 붙여 약하게 파열시키면서 성대를 울려 발음한다.

징
近 가깝다
jhín

쟉
剧 극연
jhiǎk

n-
ní 니

우리말의 'ㄴ'에 해당하며, 혀끝을 아랫니에 대고 성대를 울려 발음한다.

닝
人 사람
nín

닉
热 뜨겁다
nǐk

x-
xī 씨

우리말의 'ㅅ'에 해당하며, 혀바닥과 입천장을 마찰시켜 발음한다.

쌰
写 쓰다
xiā

씩
雪 눈
xîk

xh-
xhí 시

우리말의 'ㅅ'에 해당하며, 혀바닥과 입천장을 마찰시키며 성대를 울려 발음한다.

샤
谢 고맙다
xhiá

식
习 배우다
xhǐk

yh- (j)
yhí 이

혀바닥과 입천장을 약하게 마찰시키면서 성대를 울려 발음한다.

여우
油 기름
yhióe

약
药 약
yhiǎk

z- zī 쯔	허끝을 윗니 안쪽에 가볍게 마찰시키면서 'ㅈ'소리를 낸다.			
	종 种 종류 zōn		쪽 捉 잡다 zôk	

c- cī 츠	허끝을 윗니 안쪽에 강하게 마찰시키면서 'ㅊ'소리를 낸다.			
	채 菜 음식 cāe		착 擦 닦다 câk	

s- sī 쓰	허끝을 윗니 안쪽에 가볍게 마찰시키면서 'ㅅ'소리를 낸다.			
	쌔 山 산 sàe		쏙 叔 삼촌 sôk	

zh- zhí 즈	허끝을 윗니 안쪽에 가볍게 마찰시키면서 성대를 울려 'ㅈ'와 비슷한 소리를 낸다. 성대가 많이 울리는 경우 'ㅅ' 발음으로 들리기도 한다.			
	종 重 무겁다 zhón		적 十 10 zhěk	

● 연속변조의 구조

연속 변조

상하이어에는 다섯 개의 성조가 있지만, 실제 발음에서는 그 성조가 모두 그대로 발음되는 것은 아니야.

일반적으로 한 단어의 첫 글자만 원래 성조로 발음하고, 나머지 글자는 성조가 모두 달라져. 이러한 성조의 변화를 연속변조 라고 해.

초대
炒蛋
cāo dháe

'달걀을 볶다'라는 의미의 炒(동사)+蛋(목적어) 는 독립된 두 개의 단어이므로 연속변조가 발생하지 않아.

炒蛋
cāodhae

달걀볶음 이라는 요리명은 한 단어이므로 2음절 변조 로 발음하지.

초눅쓰
炒肉丝
cāo niôksi

'고기채를 볶다'라는 의미의 炒(동사)+肉丝(목적어) 에서 고기채 는 2음절 변조이기 때문에 원성조+2음절 변조 로 발음해.

炒肉丝
cāonioksi

고기채볶음 이라는 요리명은 한 단어이므로 3음절 변조 로 발음해.

변조 패턴

변조 패턴은 음절의 수에 따라 2음절 변조, 3음절 변조, 4음절 변조 등이 있어.

어떤 변조패턴이든 변조하는 첫 글자의 성조가 포인트이고, 이어지는 글자의 성조는 모두 무시돼.

즉, 성조 부호는 연속변조를 일으키는 첫 번째 글자에만 붙이고 두 번째, 세 번째 글자에는 붙이지 않아.

째, 웨 → 째웨

再会 또 만나요

zàe·hhué → zàehhue

마지막 음절 é → e 로 변화하는게 보이지?

2음절 변조

2음절 변조는 첫 글자의 성조에 따라 다음 세 가지 패턴이 있다.

첫 글자는 어떤 성조든지
그 높낮이가 변하지 않아.

두 번째 글자는 원 성조와 관계없이
첫 글자의 성조에 영향을 받아
아래의 그림과 같이 그 음의 높낮이가 결정되고,
전체적으로 짧고 약하게 발음해.

1

高
中
低

2

高
中
低

3

高
中
低

적벽

食物 음식

zhěk vĕk

5성   5성

먹, 즈 → 머즈

物事 물건

měk·zhí → měkzhi

5성   3성

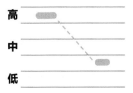

또한 두 글자 모두 4성이나
5성이면 성문폐쇄(입성)를
유지해.

첫 글자가 5성인 경우
두 번째 글자는 위의 그림과
같이 상승 시키면서 다소 길게
발음해.

12

연습

1성	째, 웨 → 째웨 **再会** 또 만나요 zàe·hhué → zàehhue	캐, 씽 → 캐씽 **开心** 기쁘다 kàe·xìn → kàexin
2성	호, 쾨 → 호쾨 **好看** 예쁘다 hāo·kēu → hāokeu	후, 추 → 후추 **火车** 기차 hū·cò → hūco
3성	샤, 샤 → 샤샤 **谢谢** 고맙다 xhiā·xhiá → xhiāxhia	여우, 니 → 여우니 **友谊** 우정 yhióe·ní → yhióeni
4성	쓰, 띠 → 쓰띠 **书店** 서점 sì·dī → sìdi	옥, 리 → 오리 **屋里** 집 ôk·lí → ôkli
5성	먹, 즈 →머즈 **物事** 물건 měk·zhí → měkzhi	옥, 쌍 → 오쌍 **学生** 학생 hhǒk·sàn → hhǒksan

3음절 변조

3음절 변조도 2음절 변조와 마찬가지로 첫 글자의 성조에 따라 다음 네 가지 패턴이 있다.

첫 글자의 높이는 2음절 변조와 마찬가지로 그 높낮이가 변하지 않아.

두 번째, 세 번째 글자의 높이는 첫 글자의 성조에 따라 그림과 같이 변한다.

세 번째 글자는 첫 글자가 5성인 경우를 제외하고 대체로 가볍고 짧게 발음해.

첫 글자가 5성인 경우 세 번째 글자가 1,2,3성이면 위의 그림과 같이 상승시키면서 다소 길게 발음해. 세 번째 글자가 4,5성이면 성문폐쇄(입성)이 있기 때문에 상승시켜 발음하지 않아.

조사 등은 독립된 음절이 아니기 때문에 '2음절 + 조사'로 이루어진 구조는 3음절 변조로 본다.

2음절 + 조사 -> 3음절 변조

* 다음 페이지에서 발음을 직접 듣고 따라해 보자.

연습

🎧 12

1성

써우, 잉, 찌 → 써우잉찌

收音机 라디오

sǒe·yìn·jì → sǒeyinji

2성

찌, 띠, 쫑 → 찌띠쫑

几点钟 몇 시

jī·dī·zòn → jī di zon

3성

려우, 오, 쌍 → 려우오쌍

留学生 유학생

líoe·hhǒk·sàn → líoehhoksan

4성

뽁, 찡, 닝 → 뽁찡닝

北京人 베이징 사람

Bôk·jìn·nín → Bôkjinnin

5성

뇩, 벅, 즈 → 뇨버즈

玉佛寺 옥불사

Niǒk·věk·zhí → Niǒkvekzhi

4음절 변조

4음절 변조는 주로 고유명사나 명사 숙어 등에 나타나며, 2음절 변조와 3음절 변조 패턴을 기본으로 한다.

고유명사나 명사 숙어

즉, 2음절 변조+추가 2음절 ,
3음절 변조+추가 1음절 패턴이 있어.

연습

13

1성

씽·우·쓰·띠 → 씽우쓰띠

新华书店 신화서점

Xìn·hhó·sì·dī → Xìnhhó sidi

2성

쓰·찌·다·도 → 쓰찌다도

世纪大道 스지대로

Sī·jī·dhá·dháo → Sīji dhadhao

3성

우·빙·배·띠 → 우빙배띠

和平饭店 허핑호텔

Hhú·bhín·váe·dī → Hhúbhin vaedi

4성	꼭.찌.배.띠 → 꼬찌배띠 **国际饭店** 궈지호텔 Gôk·jī·váe·dī → Gôkji vaedi
5성	적.즈.루.커우 → 적즈루커우 **十字路口** 사거리 zhěk·zhí·lú·kōe → zhěkzhilukoe

상하이어 연속변조의 핵심 포인트

연속변조는 첫 글자의 성조가 핵심이야.

변조를 일으키는 두 번째, 세 번째 글자는 원 성조가 없어지고, 앞 글자와 연결시켜 자연스럽게 높낮이의 균형을 유지해야해.

따라서 음의 높낮이 밸런스를 익히는 게 중요한 거지.

적.즈.루.커우 → 적즈루커우
十字路口
사거리
zhěk·zhí·lú·kōe → zhěkzhilukoe

특히, 첫 글자가 5성일 때는 2음절 변조나 3음절 변조 모두 약간만 변조되기 때문에 주의해야해.

01

<ruby>侬<rt>농</rt></ruby><ruby>好<rt>호</rt></ruby>

안녕하세요

<table>
<tr><td>**학습내용**</td><td>| 인사 나누기, 이름 묻고 말하기
| 상하이 개요</td></tr>
</table>

<table>
<tr><td>**학습포인트**</td><td>| 인칭대명사
| 동사술어문
| 의문대명사 '啥'의 용법
| 정도부사 '老'의 의미</td></tr>
</table>

01 依好

  🎧 14

농 호　　　농 씽 싸
依好！依姓啥?
Nón hāo! Nón xīn sā?

농 호　　　응우 씽 찡, 쪼 밍오
依好！我姓金，叫民浩。
Nón hāo! Ngó xīn Jīn, jiāo Mīnhhao.

닝떠 농 로 캐씽
认得依老开心。
Níndek nón láo kàexin.

응우 아 로 캐씽　　째웨
我也老开心！再会！
Ngó hhá láo kàexin! Zàehhue!

● 새로운 어휘　🎧 15　　　　　　　　　　* 단어설명에서 ▨ 는 표준어 단어이다.

□ 依 你 nón 농 너, 당신

□ 好 hāo 호 좋다, 잘 지내다

□ 姓 xīn 씽 (성이)~이다

□ 啥 什么 sā 싸 무엇, 무슨

□ 叫 jiāo 쪼 (이름을)~라고 부른다

□ 认得 认识 níndek 닝떠 (사람, 길, 글자 등을)알다

□ 老 很 láo 로 매우, 아주

□ 开心 高兴 kàexin 캐씽 기쁘다, 반갑다

□ 我 ngó 응우 나

□ 也 hhá 아 ~도, 역시

□ 再会 再见 zàehhue 째웨 또 만나요, 잘 가
　　　　　　　　　　　　(헤어질 때 인사말)

□ 王红 Hhuán Hhón 왕옹 왕옹(이름)

□ 金民浩 Jīn Mīnhhao 찡밍오 김민호(이름)

안녕하세요

你好！你叫什么名字？
Nǐ hǎo! Nǐ jiào shénme míngzi?

你好！我姓金，叫民浩。
Nǐ hǎo! Wǒ xìng Jīn, jiào Mínhào.

认识你很高兴。
Rènshi nǐ hěn gāoxìng.

我也很高兴！再见！
Wǒ yě hěn gāoxìng! Zàijiàn!

● **본문 해석**

안녕하세요! 이름이 뭐예요?

안녕하세요! 제 성은 김이고, 민호라고 해요.

만나서 반가워요.

저도 반가워요! 또 만나요!

구문 설명

1 인칭대명사

상하이어의 인칭대명사는 1,2,3인칭 단수와 복수로 구분한다. 표준어에서는 2인칭 평칭과 존칭을 구분해서 '你'와 '您'으로 말하지만, 상하이어에는 구분 없이 모두 '侬 눙'으로 말한다. 3인칭도 표준어의 '他'와 '她'와 같은 남녀 구분없이 모두 '伊 이'로 말한다.

	단수	복수
1인칭	我 ngó 웅우 나 我	阿拉 âkla 아라 우리 我们
2인칭	侬 nón 눙 너,당신 你/您	㑚 ná 나 너희 你们
3인칭	伊 yhí 이 그,그녀 他/她	伊拉 yhíla 이라 그들,그녀들 他们/她们

· '我(웅우)' 는 이음절로 발음해서는 안되고, 목구멍을 막았다가 떼면서 '우'를 발음한다.

2 동사술어문

상하이어의 동사술어문은 표준어와 마찬가지로 '주어+동사술어+목적어'순이다.

이 쵸 왕옹
· 伊叫王红。   그녀는 왕옹이라고 합니다.
Yhí jiāo Hhuán Hhón.

웅우 칙 주
· 我吃茶。   나는 차를 마십니다.   · 吃 qîk 마시다, 먹다
Ngó qîk zhó.   · 茶 zhó 차

③ 의문대명사 啥 ^싸 의 용법

'啥 ^싸'는 표준어의 '什么'에 해당하는 의문대명사로 '무엇'을 의미하며, 의문조사 없이 단독으로 쓰여 의문문을 만들 수 있다.

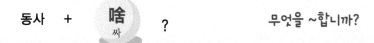

동사 + 啥 _싸 ?   무엇을 ~합니까?

농 쪼 싸
- 侬叫啥?   당신은 이름이 뭐예요?
  Nón jiāo sā?

농 마 싸
- 侬买啥?   당신은 무엇을 사요?
  Nón má sā?

• 买 má (물건을) 사다

④ 정도부사 老 ^로 의 의미

'老 ^로'는 상하이어에서 정도부사로서 형용사를 수식하며 '아주, 매우'의 의미를 나타낸다. 표준어 '很'에 해당한다.

老 _로 + 형용사   매우(아주) ~하다

로 캐씽
- 老开心。   아주 기뻐요.
  Láo kàexin.

로 호
- 老好。   아주 좋아요.
  Láo hāo.

^농
侬 + 동사 + ^싸 **啥?**
Nón · · · sā

당신은 무엇을 ~해요?

^쾨
看
kēu

당신은 무엇을 봐요?

^칙
吃
qîk

당신은 무엇을 먹어요?

· **看** kēu 보다

^로
老 + 형용사。
láo

아주(매우) ~해요

^{응우}
我
Ngó

^{캐씽}
开心
kàexin

나는 아주 기뻐요.

^{썽티}
身体
Sènti

^호
好
hāo

건강이 아주 좋아요.

· **身体** sènti 몸, 건강

★ Shanghai Quotes

"我一直在这个城市里生活了很多年。这条弯弯曲曲的河一直刻在城市的中央，人们管它叫苏州河。" – 电影《苏州河》

"나는 줄곧 이 도시에서 수 년 동안 살았다. 구불구불한 이 하천이 도시의 중앙에 줄곧 새겨져 있었는데, 사람들은 이 하천을 쑤저우하라고 부른다." – 영화《수쥬》

쑤저우(苏州, 쑤쩌우)하는 상하이 구 시가지를 꾸불꾸불 가로지르는 하천이다. 애초에 상하이에 사람들이 모여살기 시작했을 때 쑤저우하 주변을 중심으로 어촌을 형성했으리라 생각된다. 상하이가 개항한 이후 황푸(黄浦, 왕푸)강과 내륙 사이의 물자들은 쑤저우하를 통해 오르내렸다. 한마디로 쑤저우하는 상하이 역사의 산증인이라고 할 수 있다.

★ About Shanghai

상하이 인구는 2019년 기준 2418.34만 명으로, 중국에서 충칭(重庆, 총칭)시* 다음으로 인구가 많다. 상하이는 줄여서 '후(沪, 우)', 혹은 '션(申, 썽)'이라고 한다. 중국의 직할시 중 하나인 상하이는 중국의 확고부동한 경제 중심지이고 세계의 경제, 금융, 무역, 항공운수, 과학기술 분야에서 새롭게 떠오르는 중심 도시이다. 2020년 현재 상하이는 16개의 구로 나뉘어져 있고, 시 정부청사는 황푸구에 있다.

쑤저우하

상하이를 흔히 상하이탄(上海滩, 상해태)이라고 부른다. '모래톱, 개펄'이라는 뜻의 '탄(滩, 태)'이라는 글자를 상하이 뒤에 붙인 것은 일만 년 전까지만 해도 바다였던 이 지역의 땅이 오랜 세월

---

* 충칭시 인구는 2019년 기준 3562.31만 명이다.

퇴적작용을 거쳐 형성되었기 때문이다.

상하이는 창강삼각주 충적평원의 일부분으로, 지리적으로 중국 남북 해안의 중심점에 위치하며 창강과 황푸강이 바다로 흐르기 전 만나는 위치에 있다. 상하이는 아열대 계절풍 기후에 속하고 사계절이 분명하고 일조량이 풍부하며 강우량이 충분하다. 또한, 기후가 온난습윤하고 봄가을이 짧고 여름과 겨울이 비교적 길다.

역사적으로 볼 때, 상하이는 춘추시대에 오나라에 속해 있었고 전국시대엔 월나라에 속해 있다가 초나라의 땅이 되었다. 초나라 춘신군(春申君)의 봉지였기 때문에 '션(申)'이라는 약칭을 얻었다. 진나라 이후 여러 왕조를 거치면서 다양한 군현에 속해 있다가 청나라 때인 18세기 이후 지금과 가까운 행정구역 형태를 띠게 되었다.

황푸강 동편에서 바라다 본
와이탄 外滩, 웅아태

상하이는 19세기 중엽 아편전쟁으로 인한 개항 이후 해안의 소도시에서 동아시아 제일의 도시로 급속히 성장하였다. 20세기에 들어서는 런던, 뉴욕과 함께 세계 3대 금융 중심지로 부상하며 '동방의 파리'라는 별명을 얻었다. 1921년 중국공산당이 처음으로 결성된 곳도 이곳 상하이다.

상하이는 '마도(魔都)'라는 별칭을 지니고 있다. 이 별칭은 20세기 20-30년대에 얻은 이름인데, 주로 일본인들이 상하이를 이렇게 불렀다. 20세기 초에 상하이에 거주했던 일본 작가 무라마츠 쇼후의 소설 《마도》에서 처음으로 상하이를 이 별칭으로 불렀다. 작가의 눈에 당시 외국 조계와 중국인들의 거주지라는 서로 다른 성질의 두 공간으로 구성된 상하이가 다른 도시에는 없는 어떤 마성을 지닌 것으로 보였다고 한다.

★ 11월 17일은 상하이에게 어떤 날?

1843년 11월 17일은 〈난징(南京, 뇌징)조약〉 체결에 따라 상하이가 정식으로 대외개항을 하게 된 날이다. 이에 따라 외국과의 무역 중심지는 점차적으로 광저우(广州, 꽝쩌우)에서 상하이로 옮겨진다. 외국 상품과 자본이 들어오고 은행이 설립되고 항구가 건설되고 조계(외국인 치외법권 거주지)가 만들어진다. 이날은 상하이가 지방의 작은 항구도시에서 동아시아 제일의 도시로 발전하는 전환점이 된 날이다.

Shanghainese Interview

리얼 상하이 사람의 목소리를 들어봅시다.

A_ 상하이를 한 마디로 표현한다면?

B_ 상하이는 중국에서 어느 위치라고 생각합니까?

A_ 상하이는 굉장히 포용력이 넓은 곳이지요.

B_ 상하이는 중국 최고의 도시라고 생각해요.

A_ 다원화된 도시입니다.

B_ 당연히 첫 손가락에 꼽히는 도시지요.

| 학습내용 | | 나이와 생일 묻고 말하기, 날짜와 요일 말하기 |
| | | 상하이 사람들의 특징 |

학습포인트		숫자 읽기
		날짜와 요일 표현
		어기조사 '勒'의 용법
		구조조사 '格'의 용법

| 표현&단어up | | 다양한 인사말 & 나라이름 |

02

<ruby>我<rt>우</rt></ruby><ruby>格<rt>거</rt></ruby><ruby>生<rt>쌩</rt></ruby><ruby>日<rt>닉</rt></ruby><ruby>五<rt>응</rt></ruby><ruby>月<rt>웩</rt></ruby><ruby>两<rt>량</rt></ruby><ruby>号<rt>오</rt></ruby>

我格生日五月两号

제 생일은 5월 2일이에요

02

웅우 거 쌍닉 응 웩 량 오

我格生日五月两号

농 찡니 찌쐬러

侬今年几岁勒？

Nón jìnni jī sēu lek?

웅우 니애쓰 쐬러

我廿四岁勒。

Ngó niáesi sēu lek.

농 거 쌍닉 찌 웩 찌 오

侬格生日几月几号？

Nón gek sànnik jī yhuek jī hhao?

웅우 거 쌍닉 응 웩 량 오, 리빠응

我格生日五月两号，礼拜五。

Ngó gek sànnik ńg yhuek lián hhao, líbańg.

새로운 어휘   18

* 단어설명에서 ▨ 는 표준어 단어이다.

- □ 今年 jìnni 찡니 올해
- □ 几 jī 찌 몇, 얼마
- □ 岁 sēu 쐬 ~세, ~살
- □ 勒 **了** lek 러 문미어기조사로, 어떤 상태가 됨을 나타냄
- □ 廿 **二十** niáe 니애 스물, 20
- □ 四 sì 쓰 넷, 4
- □ 格 **的** gek 거 ~의

- □ 生日 sànnik 쌍닉 생일
- □ ~月~号 ~yhuěk ~hháo ~웩~오 ~월 ~일
- □ 五 ńg 응 다섯, 5
- □ 两 lián 량 둘, 2
- □ 礼拜 **星期** líba 리빠 요일

제 생일은 5월 2일이에요

你今年多大了？

Nǐ jīnnián duōdà le?

我二十四岁了。

Wǒ èrshísì suì le.

你的生日几月几号？

Nǐ de shēngrì jǐ yuè jǐ hào?

我的生日五月二号，星期五。

Wǒ de shēngrì wǔ yuè èr hào, xīngqīwǔ.

● **본문 해석**

올해 몇 살이에요?

스물네 살이에요.

당신의 생일은 몇 월 몇 일이에요?

제 생일은 5월2일, 금요일이에요.

구문 설명

① 숫자 읽기

1~10 숫자 읽는 방법은 다음과 같다.

🎧 19

1	2	3	4	5
一 yîk 익	二 ní 니 / 兩 lián 량	三 sàe 째	四 sī 쓰	五 ńg 응

6	7	8	9	10
六 lŏk 록	七 qîk 칙	八 bâk 빡	九 jiōe 져우	十 zhěk 적

2는 二 니 과 兩 량 두 가지 표현법이 있어.
한 자리 수 또는 물건을 셀 때는 兩 량 으로 말하고,
서수 제2 는 第二 dhí ní. 디니 라고 말해.

20은 廿 니애 라고 말해.

10 이상의 주요 숫자 읽는 방법은 다음과 같다.

11	20	21	30
十一 zhěkyik 저익	廿 niáe 니애	廿一 niáeyîk 니애익	三十 sàesek 째썩

40	50	60	70
四十 sīsek 쓰썩	五十 ńgsek 응썩	六十 lŏksek 로썩	七十 qîksek 치썩

十 은 zhěk 적 으로 발음하지만,
三十~九十 의 十 은 ～sek 썩 으로 발음해.

2 날짜와 요일 표현

날짜 '~월~일'은 '~月~号 ~웩 ~오'라고 말한다.

<table>
<tr><td>량 웩 적니 오
• 两月十二号
lián yhuek zhěk ni hhao</td><td>2월12일</td></tr>
<tr><td>이 웩 량 오
• 一月两号
yîk yhuek lián hhao</td><td>1월2일</td></tr>
</table>

> 표준어는 二月,
> 二号, 星期二이라고 하지만,
> 상하이어는 两月량웩, 两号 량오,
> 礼拜两 리빠량 이라고 말해.

요일은 '礼拜 líba' 뒤에 '一~六'을 붙여서 표현한다.

 20

월	화	수	목	금	토	일
礼拜一	礼拜两	礼拜三	礼拜四	礼拜五	礼拜六	礼拜天
líbayîk	líbalián	líbasàe	líbasì	líbaǹg	líbalǒk	líbatì
리빠익	리빠량	리빠째	리빠쓰	리빠응	리빠록	리빠티

3 어기조사 '勒 러'의 용법

'勒 러'는 표준어 '了'에 해당하며, 문미에 쓰여 어떤 상황이 이미 발생하였거나 상태가 변화함을 나타낸다.

응우 아빠 찡니 쓰썩 쐬러
• 我阿爸今年四十岁勒。 우리 아빠는 올해 40살이 되었습니다.
Ngó âkba jìnni sīsek sēu lek.

이 즈 다옥쌍러
• 伊是大学生勒。 그는 대학생이 되었습니다.
Yhí zhí dháhhoksan lek.

- 阿爸 âkba 아빠
- 大学生 dháhhoksan 대학생

구조조사 '格거'의 용법

'格거'는 표준어 '的'에 해당하는 구조조사로, 소유관계 '~의'를 나타낸다. 일반적으로 명사, 동사, 형용사가 명사를 수식할 때 그 사이에 온다. 발음은 '거'이지만 앞 글자가 비음 −ng 로 끝나는 경우 '어'로 가볍게 발음하기도 하며, '个거' 또는 '额어'로 표기하기도 한다.

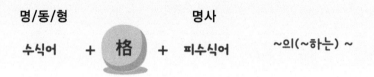

명/동/형   명사

수식어   +   格   +   피수식어   ~의(~하는) ~

니애쓰 쐬 거 쌍닉
- 廿四岁格生日   24세 생일
  niáesi sēu gek sànnik

웅우 음마 거 쌍닉
- 我姆妈格生日   우리 엄마의 생일
  ngó m̀ma gek sànnik

수식어가 인칭대명사이고 피수식어가 친족 또는 소속을 나타내는 경우, '格'는 생략할 수 있다. (예 我姆妈)

- 姆妈 m̀ma 엄마

^{용우} 我 ^{쐬러} 岁勒。
Ngó   sēu lek.

저는 ~ 살이 되었어요

^{니애}
廿
niáe

저는 스무 살이 되었어요.

^{쌔썩}
三十
sàesek

저는 서른 살이 되었어요.

^{용우 거 쌍닉}   ^웩   ^오
我格生日 月   号。
Ngó gek sànnik   yhuek   hhao

제 생일은 ~월 ~일이에요

^칙
七
qîk

^쌔
三
sàe

제 생일은 7월 3일이에요.

^량
两
lián

^빠
八
bâk

제 생일은 2월 8일이에요.

★ Shanghai Quotes

"近代以来，上海人一直是中国一个非常特殊的群落。上海的古迹没有多少好看的，到上海旅行，领受最深的便是熙熙攘攘的上海人。" – 余秋雨

"근대 이래, 상하이인은 줄곧 중국에서 하나의 아주 특수한 군집이었다. 상하이의 고적은 별로 볼만한 게 없는데, 상하이 여행을 해보면 가장 인상 깊은 것은 바로 왁자지껄한 상하이 사람들이다." – 위츄위

베이징(北京, 뻐찡)이나 시안(西安, 시우위) 등 중국의 다른 유서 깊은 도시들에 비해 사실 상하이에는 역사유적지가 별로 없다. 위츄위(余秋雨, 위츄위) 같은 작가는 상하이의 가장 큰 볼거리는 바로 상하이 사람들이라고 어느 글에서 쓴 바 있다. 상하이 사람들 자체가 상하이를 대표한다고 할 수 있다.

★ About Shanghai

상하이의 어느 작가는 상하이인에 대해서 '상하이어를 내면의 언어로 삼고, 이것으로 이루어진 관념의 세계에서 살아가는 문화집단'이라고 규정했다. 상하이 사람들을 설명하는 데 있어 상하이어가 차지하고 있는 중요성을 말한 것으로 생각된다. 현재의 상하이어는 상하이로 사람들이 대거 이주하기 시작하면서 형성되었다. 아편전쟁 이후 중국 각지와 세계 여러 나라에서 사람들이 상하이로 몰려오기 시작했는데, 가장 많은 이주민은 가까운 쟝수성과 저쟝성에서 왔다.

공원에서 여가생활을 즐기는 상하이인들

과거 상하이 사람들은 베이징을 포함하여 외지에서 온 사람들을 '시골사람(乡下人, 샹우닝)'이라고 불렀다. 이러한 자부심은 다른 중국인들이 상하이인들을 좋지 않게 여기는 원인을 제공했다. 다른 지역의 중국인들 눈에 상하이인들은 소심하고, 인색하고, 이기적으로 보이기도 하였다. 그래서 외지인이 상하이인

친구를 칭찬할 때 "넌 상하이인 같지가 않아"라고 한다는 우스갯소리도 있을 정도이다.

중국 타지방 출신의 어느 작가는 상하이인은 자질이 뛰어나다 하더라도 조직의 총수보다는 다국적기업의 고위 간부 정도에 적당하다고 폄하하며 이렇게 말했다. "상하이인은 안목이 추진력을 훨씬 앞서고, 적응력이 창조력을 크게 능가한다. 그들에게는 대가의 기품은 있지만 대장의 풍모는 없으며, 세상을 조감하는 시야는 있지만 세상을 휘젓는 기개는 없다."

하지만, 상하이인들은 많은 장점을 지닌 것으로 평가되기도 한다. 몇 가지로 정리하면 대략 다음과 같다.

1. 성격이 꼼꼼하다. 장사를 하든 학문을 하든 상하이인들은 꼼꼼하게 따지는 걸 좋아한다. 이러한 특성 때문에 비난을 듣기도 하지만 이것은 분명히 장점일 수 있다.

2. 공동도덕을 잘 지킨다. 상하이인들은 중국의 다른 대도시 주민들에 비해서 대중교통 이용 시 줄을 잘 선다거나 거리에 휴지를 버리지 않는 등 공중도덕을 잘 지키는 편이다. 2019년 9월 이후 상하이에서는 전보다 세분화된 엄격한 분리수거 제도를 시행하고 있다.

\# 깔끔한 인상의 상하이 거리와
곳곳에 비치되어 있는 휴지통

3. 비폭력적이다. 북방의 중국인들은 말다툼이 종종 주먹다짐으로 발전하기도 하지만, 상하이인들은 거리에 서서 말다툼만 반나절 할지언정 주먹은 잘 나가지 않는다. 이것을 가지고 상하이인들은 소심하다고 말하는 사람도 있겠지만 상하이인들이 폭력을 싫어하는 경향을 지닌 건 분명하다.

4. 여성의 지위가 상대적으로 높다. 상하이 남성들은 장보기, 밥하기, 빨래하기 등 집안일을 중국의 다른 지역 남성들보다 많이 한다. 즉, 상하이 여성의 가정 내 지위는 중국 다른 지역 여성들에 비해 높다고 할 수 있다.

5. 건강을 중시한다. 상하이인들은 건강을 중요하게 생각해 평소 운동을 열심히 하며 남녀불문하고 몸매 관리를 잘 하기로 정평이 나 있다. 상하이 음식은 비교적 담백한 편이며, 폭음을 하는 사람들이 적고 흡연율도 낮다. 평균 수명도 중국 내에서 높은 편이다.

6. 문화적 소양이 있다. 중국 내에서 상하이인들의 학력과 문화적 소양은 가장 높다고 할 수 있다.

Hot tip ★ 상하이 출신의 유명인사는 어떠한 이들이 있을까.

쑹칭링(宋庆龄, 쑹칭링) 1893.1.27–1981.5.29	중국 혁명의 선도자 쑨원(孙文, 썬번)의 부인이자 중화인민공화국의 정치가
장아이링(张爱玲, 짱애링) 1920.9.30–1995.9.1	소설가, 산문작가, 시나리오 작가. 영화 〈색계〉의 원작자
왕쟈웨이(王家卫, 왕까웨) 1958.7.17–	영화감독. 〈아비정전〉, 〈중경삼림〉 등 다수 연출
야오밍(姚明, 요밍) 1980.9.12–	미국 NBA 농구선수
리우샹(刘翔, 려우샹) 1983.7.13–	중국의 유명한 육상선수
왕페이위(王佩瑜, 왕페이위) 1978.3.4–	경극 배우로, 경극 대중화에 큰 공헌을 함
한한(韩寒, 외외) 1982.9.23–	작가이자 카레이싱 선수. 소설 〈삼중문〉의 원작자

Shanghainese Interview

 리얼 상하이 사람의 목소리를 들어봅시다.

Q
A_ 가장 유명한 상하이말은 무엇이라고 생각합니까?
B_ 외국인에게 가르쳐주고 싶은 상하이말 한 마디가 있다면?

A_ **乡下人**　　샹우닝　　시골사람
B_ **我欢喜侬**　용우 훼씨 농　당신을 좋아합니다

A_ **谢谢侬**　　샤샤농　　감사합니다
B_ **侬好**　　　농호　　　안녕하세요

다양한 인사말을 상하이어로 표현해 봅시다. 🎧 22

농 쪼
侬早！
Nón zāo!

안녕하세요!(아침인사)

나 호
俉好!
ná hāo!

여러분 안녕하세요!

농 썽티 호바
侬身体好哦？
Nón sènti hāo vak?

잘 지내세요?

애 호　　　애 쿠이
还好。/ 还可以。
Hháe hāo.　/ Hháe kūyhi.

그런대로 잘 지내요.

샤샤 농
谢谢侬！　Xhiáxhia nón!

감사합니다.

씽쿠러
辛苦勒！　Xīn ku lek!

수고하셨어요.

무배 농러
麻烦侬勒！　Móvae nón lek!

실례했습니다.

버요진　　　음머 꽤시
勿要紧。/ 呒没关系。
Věkyaojin.　　Ḿmek guàexhi.

괜찮습니다. / 상관없습니다.

떼버치
对勿起！　Dēvekqi

미안합니다.

칭 버요 카치
请勿要客气！
Qīn věkyao kâkqi!

사양하지 마세요.

칭 뚜뚜뽀종
请多多保重！
Qīn dùdu bāozhon!

잘 지내세요. 몸조심하세요.

쩌우 호
走好！
Zōe hao!

살펴가세요.

나라 및 지역 이름을 상하이어로 말해 봅시다.

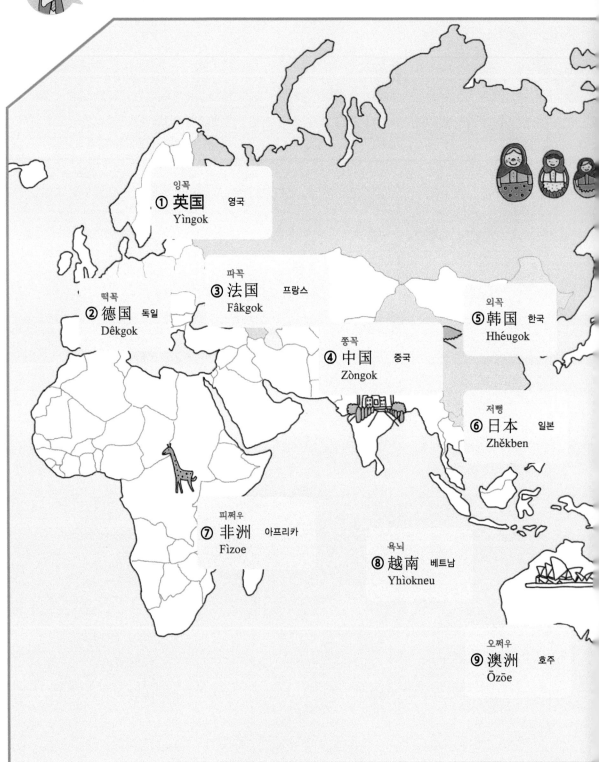

잉꼭
① 英国　영국
Yìngok

떡꼭
② 德国 독일
Dêkgok

파꼭
③ 法国　프랑스
Fâkgok

외꼭
⑤ 韩国 한국
Hhéugok

종꼭
④ 中国　중국
Zòngok

저뻥
⑥ 日本　일본
Zhěkben

피쩌우
⑦ 非洲　아프리카
Fìzoe

욕늬
⑧ 越南　베트남
Yhìokneu

오쩌우
⑨ 澳洲　호주
Ōzōe

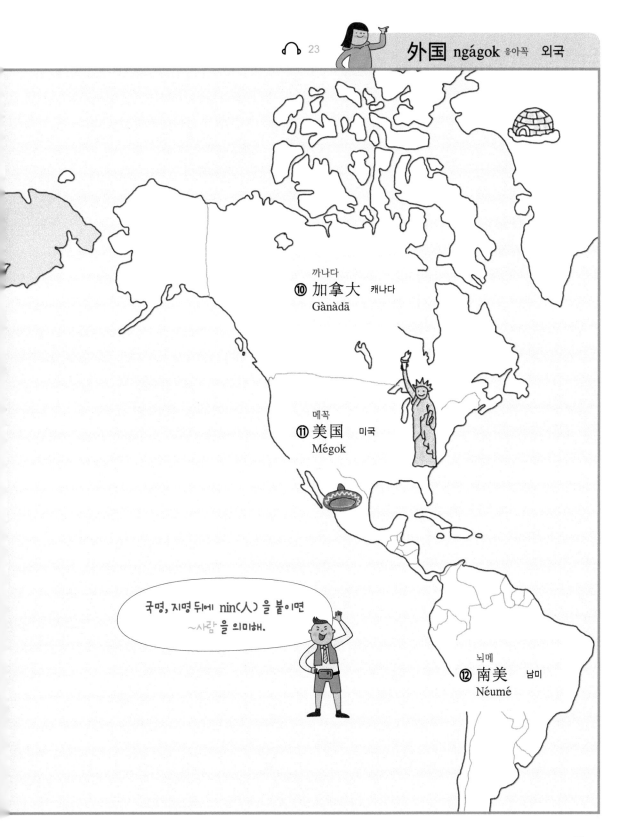

까나다
⑩ 加拿大   캐나다
Gànàdā

메꼭
⑪ 美国   미국
Mégok

국명, 지명 뒤에 nin(人)을 붙이면
~사람을 의미해.

뇌메
⑫ 南美   남미
Néumé

학습내용	가족에 대해 묻고 말하기, 형제자매에 관해 묻고 말하기
	상하이 사람들의 생활

학습포인트	수량 표현
	'是'자문 용법
	'有'자문 용법
	의문조사 '哦'의 기능

농 오리 여우 찌 거 닝
侬屋里有几个人？

당신 집에 가족이 몇 명이에요?

03

농 오리 여우 찌 거 닝
侬屋里有几个人？

上海闲话 ∩ 24

농 오리 여우 찌 거 닝
侬屋里有几个人？
Nón ôkli yhióe jī gek nín?

여우 쌔 거 닝
有三个人。
Yhióe sàe gek nín.

농 여우 숑디 쨔메 바
侬有兄弟姐妹哦？
Nón yhióe xiòndhi jiāme vak?

음머, 응우 즈 독쌍쯔뉘
呒没，我是独生子女。
M̀mek, ngó zhí dhŏksanzinü.

● **새로운 어휘** ∩ 25 　　　　　　　　　　* 단어설명에서 ▆ 는 표준어 단어이다.

- □ **屋里 家里** ôkli 오리 집, 가족. '屋里厢' 라고도 함.
- □ **有** yhióe 여우 ~이 있다, ~을 가지고 있다
- □ **个** gêk 거 개 (양사)
- □ **人** nín 닝 사람
- □ **三** sàe 쌔 3, 셋
- □ **兄弟** xiòndhi 숑디 형제
- □ **姐妹** jiāme 쨔메 자매

- □ **哦 吗** vak 박 의문어기조사
- □ **呒没 没有** m̀mek 음머 없다
- □ **是** zhí 즈 ~이다
- □ **独生子女** dhŏksanzinü 독쌍쯔뉘 외동, 외아들, 외동딸

당신 집에 가족이 몇 명이에요?

你家里有几口人？

Nǐ jiāli yǒu jǐ kǒu rén?

有三口人。

Yǒu sān kǒu rén.

你有兄弟姐妹吗？

Nǐ yǒu xiōngdì jiěmèi ma?

没有，我是独生子女。

Méiyǒu, wǒ shì dúshēngzǐnǚ.

● 본문 해석

당신 집은 가족이 몇 명 있어요?

세 명 있어요.

형제자매가 있어요?

없어요, 저는 외동이에요.

구문 설명

1 수량 표현

사람이나 사물을 셀 때 수사와 명사 사이에 수량사를 사용한다. '个거'는 대표적인 양사로 사람이나 사물을 셀 때 두루 사용할 수 있다. '个' 발음은 '거'이지만 앞 글자가 비음 -ng로 끝나는 경우 '어'로 가볍게 발음하기도 한다.

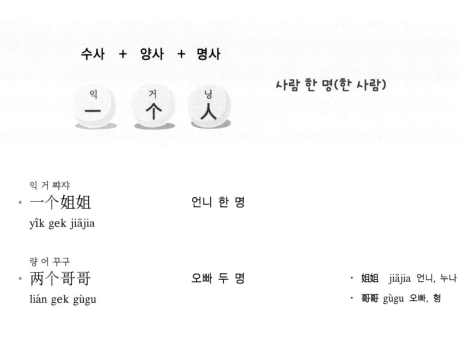

수사 + 양사 + 명사

익   거   닝
一   个   人

사람 한 명(한 사람)

익 거 쨔쨔
• 一个姐姐   언니 한 명
  yîk gek jiājia

량 어 꾸구
• 两个哥哥   오빠 두 명   • 姐姐 jiājia 언니, 누나
  lián gek gùgu   • 哥哥 gùgu 오빠, 형

2 '是 즈'자문 용법

'是 즈'자문은 '~는 ~이다'와 같이 판단의 의미를 나타낸다. 부정형은 '勿是 버즈'로, 표준어의 '不' 대신 '勿벅'를 사용한다.

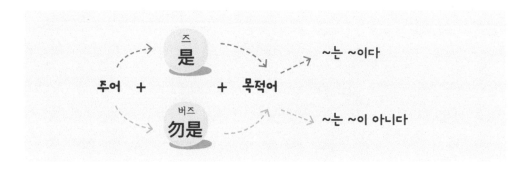

즈
是   ~는 ~이다

주어 +   + 목적어

버즈
勿是   ~는 ~이 아니다

용우 즈 외꼬닝
- 我是韩国人。　　　　　　　나는 한국 사람입니다.
  Ngó zhí Hhéugoknin.

용우 버즈 상해닝
- 我勿是上海人。　　　　　　나는 상하이 사람이 아닙니다.
  Ngó věk zhí Zhánhaenin.

- 韩国人 Hhéugoknin 한국인, 한국 사람
- 上海人 Zhánhaenin　상하이인, 상하이 사람

---

3 '有여우'자문 용법

'有여우'자문은 '~이 있다, ~을 가지고 있다'와 같이 소유, 존재의 의미를 나타내는 문형이다. 부정형은 '呒没음머'이다.

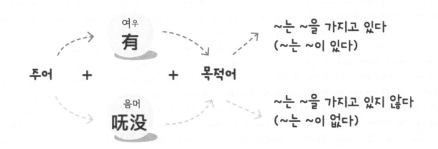

용우 여우 익 거 메메
- 我有一个妹妹。　　　　　　나는 여동생이 하나 있습니다.
  Ngó yhióe yîk gek méme.

용우 음머 디디
- 我呒没弟弟。　　　　　　　나는 남동생이 없습니다.
  Ngó ḿmek dhídhi.

- 妹妹 méme 여동생
- 弟弟 dhídhi 남동생

구문 설명

일반적으로 동사나 형용사의 부정형은 그 앞에 '勿벅'를 써서 표현한다. 단, 동사 '有여우'의 부정형은 '勿有'라고 하지 않고 '呒没음머'라고 한다.

용우 버즈 쫑꼬닝
· 我勿是中国人。　　　　　　나는 중국 사람이 아닙니다.
　Ngó věk zhí Zòngoknín.
　　　　　　　　　　　　　　　　· 中国人 Zòngoknín 중국인, 중국 사람

용우 음머 꾸구
· 我呒没哥哥。　　　　　　　나는 오빠가 없습니다.
　Ngó m̀mek gùgu.

④ 의문조사 '哎 바'의 기능

'哎바'는 표준어의 '吗'에 해당하는 의문조사로, 진술문 문미에 와서 의문문을 만든다.

진술문			~입니다
의문문	진술문 +	**哎** (바)	~입니까?

농 즈 외꼬닝 바
· 侬是韩国人哎?　　　　　　당신은 한국 사람입니까?
　Nón zhí Hhéugoknin vak?

　　즈　　버즈
→ 是。 / 勿是。　　　　　　예. / 아니오.
　Zhí.　　Věk zhí.

농 여우 쑈닝 바
· 侬有小人哎?　　　　　　　당신은 자녀가 있습니까?
　Nón yhióe xiāonin vak?
　　　　　　　　　　　　　　　　· 小人 xiāonin 자녀, 아이

　여우　　음머
→ 有。 / 呒没。　　　　　　있어요./ 없어요.
　Yhióe.　　M̀mek.

용우 오리 여우
我屋里有 [수사] 个人。
Ngó ôkli yhióe   gek nín.

거 닝

우리집은 ~식구예요

량
两
lián

우리집은 두 식구입니다.

록
六
lŏk

우리집은 여섯 식구입니다.

농 여우   바
侬有 + [명사] + 哦?
Nón yhióe   vak

당신은 ~가 있어요?

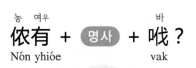

쫑꼭 방여우
中国朋友
Zòngok bhányhioe

당신은 중국 친구가 있어요?

외꼭 방여우
韩国朋友
Hhéugok bhányhioe

당신은 한국 친구가 있어요?

· 朋友 bhányhioe 친구

79

★ **Shanghai Quotes**

"这是一个以光速往前发展的城市。这是一个浩瀚的巨大时代。这是一个像是地下迷宫一样错综复杂的城市。这是一个比首般锋利的冷漠时代。我们躺在自己小小的被窝里，我们迷茫得几乎什么都不是。" - 郭敬明《小时代》

"이곳은 빛의 속도로 앞을 향해 발전하는 도시이다. 지금은 넓고 거대한 시대이다. 이곳은 지하 미궁과 같이 뒤엉키고 복잡한 도시이다. 지금은 비수와 같이 예리하고 차가운 시대이다. 각자의 작은 이불 속에 몸을 눕힌 우리는 너무나 어슴푸레하여 거의 아무것도 아닌 존재처럼 보인다." - 궈징밍 - 《소시대》

중국 신세대 작가 궈징밍(郭敬明, 꿔찡밍)의 소설 《소시대》는 현대 젊은이들의 시각으로 상하이의 눈부신 발전과 그곳에서의 일과 사랑에 대해 이야기한다. 많은 인기를 얻은 이 소설은 영화로도 만들어져 큰 성공을 거두었다.

★ **About Shanghai**

상하이 사람들은 다른 지역의 중국인들에 비해 절약 정신이 강한 편이다. 특히 북방의 중국인들과 비교하면 그 특징이 두드러진다. 이것은 지역의 성격적 특성과 관계가 있는 것으로 생각된다. 북방의 중국인들은 성격이 비교적 호방하고 직선적이어서 돈을 쓸 때나 물건을 구매할 때 세세하게 따지지 않고 충동적으로 하는 편이다. 반면, 상하이 사람들은 섬세한 성격을 지니고 있고 생활의 여러 방면을 세심히 고려하기 때문에 일상생활에서 비교적 절약하는 편이다. 이것은 물론 상하이의 생활물가가 비싸기 때문이기도 하다.

반찬가게에 진열된 상품을
둘러보고 있는 상하이 사람들

10여 년 전만해도 중국의 거의 모든 도시의 거리에는 자전거로 외출하는 사람들의 행렬이 장관을 이루었다. 하지만 지금은 자가용 소유의 증가와 전철 등 대중교통 시설이 발전함에 따라 자전거를 타고 목적지로 이동하는 사람들이 많이 줄었다. 하지만 상하이는 다른 도시에 비해 지금도 자전거를 이용하는 사람들의 비율이 매우 높다.

중국에서 가장 경제가 발달한 도시인 상하이에서 이렇게 자전거를 이용하는 사람들이 많은 이유는 뭘까? 먼저, 상하이 사람들의 건강 중시이다. 상하이 사람들은 중국 내에서도 건강에 가장 신경을 많이 쓰는 것으로 유명하다. 둘째. 상하이 사람들의 환경보호 의식이다. 유동인구를 포함하여 4천만의 대도시인 상하이에서 상대적으로 청결한 환경을 유지하고 있는 것은 상하이 사람들의 환경을 아끼는 정신 덕분이기도 하다. 셋째, 상하이의 물가수준이 상대적으로 높기 때문이기도 하다. 소득수준에 비해 부동산 가격이 지나치게 높기 때문에 경제성을 따져서 자전거를 선호한다. 마지막으로, 자전거가 지닌 편리함이다. 승용차나 대중교통에 비해 자전거가 출입할 수 있는 공간이 자유롭고, 거리상의 한계만 아니라면 어떠한 목적지에도 편리하게 도달할 수 있기 때문이다.

상하이 시내에서 공유자전거 사용하는 방법을 살펴보면, 먼저 관련 어플을 휴대폰에 다운받은 후 실명 인증과 보증금 납입을 한 후 금액 충전을 하면 바로 사용할 수 있다. (보증금은 나중에 서비스에서 탈퇴할 때 반환 받는다.) 휴대폰으로 자신이 위치하고 있는 장소 부근 공유자전거 주차장을 확인한 후 그곳으로 가서 자전거에 부착되어 있는 QR코드를 스캔해 자물쇠를 연 다음 목적지까지 타고 가 근처의 주차장에 세워놓고 자물쇠를 잠그면 된다. 사용료는 한 시간에 1위안이고 학생과 교직원은 50% 할인이 된다.

＃ 상하이 거리에 주차되어 있는 공유자전거들

상하이 사람들은 주말이 되면 어디로 놀러 갈까? 요즘 핫플레이스 중 하나는 디즈니랜드일 것이다. 도쿄와 홍콩에 이어 아시아에서 세번째, 세계에서 여섯번째로 2016년 6월 디즈니랜드가 상하이 푸동 지역에 문을 열었다.

전철역이 바로 옆에 위치하고 있어 접근성이
좋아 상하이 사람들의 주말 가족 나들이
명소로 자리잡고 있다.

상하이 디즈니랜드에 입장하고
　　있는 상하이 사람들

상하이 런민(人民, 전밍) 공원에 가면 펼쳐 놓은
우산 위에 종이를 붙여 놓고 옹기 종기 모여있는
중노년의 중국인들을 볼 수 있다. 이것이 그
유명한 상하이의 '맞선 코너(相亲角)'. 종이에는
맞선을 보고자 하는 자녀의 이름, 성별, 나이,
학력, 신체, 직장, 맞선 희망 상대의 조건 등이
자세히 적혀 있다. 이 맞선 코너는 상하이의
특별한 볼거리가 되었으며, 루쉰(鲁迅,
루쉰) 공원 등의 다른 공원에서도 열린다.

런민 공원의 맞선코너

결혼식 전날 준비한 혼수

결혼식장 모습

★ 상하이에서 병문안 갈 때 '사과'는 절대 안돼요~

상하이에서는 병원에 입원해 있는 가족이나 지인의 병문안을 갈 때 사과를 가져가는 것이 금기로 여겨진다. 왜냐하면 상하이어로 '사과(苹果)'의 발음이 '병으로 죽다(病故)'와 비슷한 '삥꾸'이기 때문이다.

Shanghainese Interview

리얼 상하이 사람의 목소리를 들어봅시다.

A_ 상하이 사람을 판단할 수 있는 특징은 무엇입니까?
B_ 상하이 사람을 한 마디로 표현한다면?

A_ 상하이 사람은 급한 편이며 두리번거리지 않아요.
B_ 상하이 사람은 약간 서양물이 든 듯하고, 잘난척을 하는 편이에요.

A_ 옷차림이요.
B_ 근면하면서 똑똑하고 적극적이지요.

학습내용		거주지 묻고 말하기, 지시 표현 사용하기
		상하이의 건축 및 주거 특징

학습포인트		지시대명사 '箇, 伊'의 용법
		동사 '勒辣'의 용법
		의문대명사 '啥里'의 용법
		의문대명사 '啥'의 수식 기능

04

이 거 즈 싸머즈

伊个是啥物事？

저것은 무엇이에요?

이 거 즈 싸머즈
伊个是啥物事？

上海闲话 🎧 27

거미 즈 응아태, 이미 즈 푸똥
牐面是外滩，伊面是浦东。
Ghěkmi zhí Ngátae, yìmi zhí Pūdon.

이 거 즈 싸머즈
伊个是啥物事？
Yì gek zhí sā měkzhi?

이 거 즈 똥팡밍쯔
伊个是东方明珠。
Yì gek zhí Dònfan mínzi.

농 오리 러라 아리
侬屋里勒辣鞋里？
Nón ôkli lěkla hháli?

응우 오리 러라 왕푸취
我屋里勒辣黄浦区。
Ngó ôkli lěkla Hhuánpuqu.

● 새로운 어휘 🎧 28

＊ 단어설명에서 ▨ 는 표준어 단어이다.

- ☐ 牐面 **这边** ghěkmi 거미 이곳, 이쪽
- ☐ 伊面 **那边** yìmi 이미 저곳, 저쪽
- ☐ 物事 **东西** měkzhi 머즈 물건
- ☐ 伊 **那** yì 이 저, 그
- ☐ 勒辣 **在** lěkla 러라 ~에 있다
- ☐ 鞋里 **哪里** hháli 아리 어디
- ☐ 外滩 Ngátae 응아태 와이탄

- ☐ 浦东 Pūdon 푸똥 푸동
- ☐ 东方明珠 Dònfan mínzi 똥팡밍쯔 둥팡밍주
- ☐ 黄浦区 Hhuánpuqu 왕푸취 황푸구

저것은 무엇이에요?

这边是外滩，那边是浦东。
Zhèbiān shì Wàitān, nàbiān shì Pǔdōng.

那个是什么？
Nà gè shì shénme?

那个是东方明珠。
Nà gè shì Dōngfāng míngzhū.

你家在哪儿？
Nǐ jiā zài nǎr?

我家在黄浦区。
Wǒ jiā zài Huángpǔqū.

● **본문 해석**

이쪽은 와이탄이고, 저쪽은 푸동이에요.

저건 뭐예요?

저건 둥팡밍주예요.

당신 집은 어디에 있어요?

우리 집은 황푸구에 있어요.

구문 설명

1 **지시대명사 '㑇 거, 伊 이'의 용법**

가까운 사물은 '㑇 거', 먼 사물은 '伊 이'를 써서 표현한다. '伊 이'는 '哀 애' 또는 '埃 애'라고 하기도 한다. 지시대명사를 써서 사물, 장소, 방위를 나타낼 때는 다음과 같이 표현한다.

사물	㑇个 ghěkgek 거거 这个 이것	伊个 yìgek 이거 那个 저것, 그것
장소	㑇搭 ghěkdak 거따 这儿 여기	伊搭 yìdak 이따 那儿 저기, 거기
방위	㑇面 ghěkmi 거미 这边 이쪽	伊面 yìmi 이미 那边 저쪽, 그쪽

2 **동사 '勒辣 러라'의 용법**

'勒辣 러라'는 표준어의 '在'에 해당하는 동사로 존재의미 '~에 있다'를 나타낸다. 목적어로는 장소를 나타내는 어휘가 오며, 부정형은 '勿勒辣 버러라'이다. '勒辣'는 '勒勒' 또는 '勒拉'로 표기하기도 하며, 발음은 모두 '러라'이다.

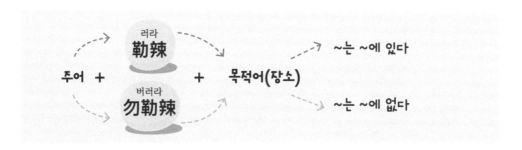

우빙배띠 러라 웅아태
* 和平饭店勒辣外滩。　　허핑호텔은 와이탄에 있습니다.
　Hhúbhin vaedi lěkla Ngátae.

이거 버러라 오리
* 伊个勿勒辣屋里。　　저것은 집에 없습니다.
　Yìgek věk lěkla ôkli.

* 和平饭店　Hhúbhin vaedi　허핑호텔

3 의문대명사 '鞋里 아리 '의 용법

'鞋里 아리 '는 표준어의 '哪里'와 같이 장소를 물을 때 사용하는 의문대명사로 '어디'라는
의미이다. 비슷한 표현으로 '啥地方 싸디팡 '이 있다. '鞋里'는 '阿里'로 표기하기도 하며,
발음은 모두 '아리'이다.

농 러라 아리
- 侬勒辣鞋里?　　　당신은 어디에 있습니까?
  Nón lěkla hháli?

농 오리 러라 아리
- 侬屋里勒辣鞋里?　　당신 집은 어디에 있습니까?
  Nón ôkli lěkla hháli?

4 의문대명사 '啥 싸 '의 수식 기능

의문대명사 '啥 싸 '는 표준어 '什么'와 마찬가지로 '무엇'의 의미를 나타내어 단독으로도 쓰일
수 있지만, '무슨'의 의미로 명사 앞에서 명사를 수식할 수 있다.

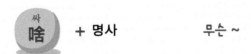

거미 즈 싸띠팡
- 舸面是啥地方?　　　이쪽은 어디에요?
  Ghěkmi zhí sā dhífan?

  · 地方 dhífan 장소, 곳

농 쭈 싸꽁쪽
- 侬做啥工作?　　　당신은 무슨 일을 하세요?
  Nón zū sā gònzok?

  · 工作 gònzok 일하다, 근무하다

농 죠 싸밍즈
- 侬叫啥名字?　　　당신은 이름이 무엇입니까?
  Nón jiāo sā mínzhi?

  · 名字 mínzhi 이름

거미 즈,
掰面是 + 장소 , **伊面是** + 장소 。
이미 즈
Ghěkmi zhí , yìmi zhí

이쪽은 ~이고,
저쪽은 ~이에요

오당
学校
hhǒkdhan

이위
医院
yìhueu

잉항
银行
yhínhan

이쪽은 학교이고,
저쪽은 은행이에요.

쓰띠
书店
sìdi

이쪽은 병원이고,
저쪽은 서점이에요.

· 学校 hhǒkdhan 학교   · 医院 yìhueu 병원
· 银行 yhínhan 은행   · 书店 sìdi 서점

~ 러라 아리
장소 +  **勒辣鞋里?**
lěkla hháli?

~은 어디에 있어요?

전밍꽁위
人民公园
Zhénmin Gonyhueu

런민 공원은 어디에 있어요?

디틱재
地铁站
Dhítikzhae

지하철역은 어디에 있어요?

· 人民公园 Zhénmin Gonyhueu 런민 공원, 인민 공원
· 地铁站 dhítikzhae 지하철역

★ Shanghai Quotes

"只见这弄堂里面，熙来攘往，毂击肩摩" - 李伯元《官场现形记》
"이 농탕 안만 봐도 사람들로 흥성흥성하고 북적거린다" - 리보위안 《관장현형기》

"没有弄堂，就没有上海，更没有上海人" - 俗语
"농탕이 없으면 상하이도 없을 뿐 아니라 상하이 사람은 더더욱 없다" – 속담

베이징에 후퉁(胡同, 우동)과 쓰허위안(四合院, 쓰우위)이 있다면 상하이에는 농탕(弄堂, 롱당)과 스쿠먼(石库门, 적쿠멍)이 있다. 네 면이 모두 벽으로 둘러쳐진 쓰허위안이 닫힘과 격식, 보수성을 나타내는 베이징 징파이(京派, 찡파) 문화의 특색이라면, 주택의 배열이 길을 따라 옆으로 늘어선 스쿠먼은 상하이를 중심으로 하는 하이파이(海派, 해파) 문화의 상징으로 문화의 개방성을 나타낸다.

★ About Shanghai

농탕 弄堂 과 스쿠먼 石库门

'골목'을 뜻하는 '농탕'은 상하이 특유의 거주형태로 상하이 시민의 보편적인 생활공간이자 근대 상하이 지역문화 형성에 있어서 가장 중요한 역할을 하였다. 이러한 농탕에 자리잡고 있는 스쿠먼은 중국과 서양의 장점을 잘 융합한 1920-30년대 상하이의 독특한 주택 양식이다. 다세대 주택과 같은 스쿠먼을 중심으로 주민들의 사교공간인 '농탕'이 형성되었다. 주택의 배열도 길을 따라 옆으로 늘어선 서양의 주택양식과 유사하고, 가옥구조가 밖을 향해 열려 있듯이 농탕과 스쿠먼이 대표하는 상하이의 문화는 개방성이다.

일반적인 스쿠먼 농탕

이러한 주거형태의 출현은 도시생활의 필연적인 결과라고 할 수 있는데, 이주문화와 서양식 생활문화가 들어오면서 점차 대가족 중심의 생활양식이 사라지고 소가족이나 홀로 이주해온 사람들에게 맞는 농탕과 스쿠먼 문화가 이를 대신하게 되었다.

타이캉루(泰康路, 타캉루) 210농(弄)에 위치한 톈쯔팡(田子坊, 띠쯔팡)에 가면 예스럽고 단아한 느낌이 드는 작은 소품 가게들, 노천카페들과 잘 어우러져 옛 상하이의 정취가 물씬 풍기는 스쿠먼을 만날 수 있다. 톈즈팡보다 조용한 분위기를 원하는 사람에게 가장 '상하이스러운' 뒤룬루(多伦路, 뚜런루), 콩쟈농(孔家弄, 콩까롱), 톈아이루(甜爱路, 디애루) 농탕을 추천한다.

톈쯔팡 입구

특히 뒤룬루는 옛모습과 새모습을 함께 갖고 있어 상하이의 과거와 미래를 한 눈에 보는 듯 하다. 잘 알려진 루쉰(鲁迅, 루쉰), 마오둔(茅盾, 모뚠), 띵링(丁玲, 띵링), 취치우바이(瞿秋白, 쥐치우벅) 등 중국 근대사의 많은 와호장룡들이 이곳 농탕에 거주하면서 수많은 걸작을 남겼다.

상하이의 관문, 와이탄의 건축물

중국으로 들어가는 관문이 상하이라면, 상하이로 들어가는 관문은 바로 와이탄(外滩, 웅아태)이다. 상하이의 흥망성쇠와 함께 해온 와이탄을 따라 걷다 보면 전통적인 것과 현대적인 것, 중국적인 것과 서양적인 것이 오버랩 된다.

와이탄에 위치한 허핑호텔

황푸강을 사이에 두고 동쪽으로는 초고층의 최첨단 현대식 건물과 세계 유명브랜드의 광고간판들이 경쟁하듯 줄지어 서있고, 서쪽으로는 1872년 네오르네상스 양식으로 세워진 옛날 영국 총영사관 건물부터 아르데코풍의 허핑(和平, 우빙)호텔에 이르기까지 100여 년 역사를 간직한 우아하고 고풍스러운 유럽풍 건물들이 빼곡하게 도열해 있는 모습은 화려하면서 낭만적인 분위기를 만들어낸다.

상하이에는 웅장한 만리장성이나 유구한 역사의 고궁은 찾아 볼 수 없지만, 19세기 고색창연한 조계지 건물에서 밀리언 달러 스카이라인을 자랑하는 초고층 빌딩숲에 이르기까지 과거, 현재, 미래의 모습이 공존하며 상하이만의 독특한 매력을 자아내고 있다. 상하이는 중국의 최첨단 도시이자, 모든 중국인이 가보고 싶어 하는 꿈의 장소이다. 19세기에는 파리가 세계 제1의 도시였고, 20세기에는 뉴욕이 그러했다면, 21세기 세계 제1의 도시는 상하이가 될 것이라고 한다. 상하이는 19세기를 거쳐 오면서 치욕과 굴욕을 딛고 번영과 발전을 이끌어 냈으며, 21세기에는 코스모폴리타니즘으로 '새로운 도시문화의 만개'를 꿈꾸고 있다.

\# 상하이 와이탄의 야경

\# 와이탄에서 바라본 푸동의 야경

상하이의 도로

상하이의 도로명은 몇 가지 측면에서 특별한 유래가 있다. 먼저 개항시기 조계의 영향으로 도로명이 붙여졌다. 1862년 영국과 미국이 공공 조계를 정비하기 위해 제정한 〈상하이도로명명비망록(上海马路命名备忘录)〉에 따르면, 남북 방향 도로는 중국의 각 성의 명칭을, 동서방향 도로는 중국의 각 도시의 명칭을 붙였다. 상하이 사람들은 이 규정에 반대해서 '南京路'를 '大马路'라고 부르고, '九江路, 汉口路, 福州路'를 각각 '二马路, 三马路, 四马路'로 불렀다. 지금과 같은 도로명을 받아들이게 된 것은 1949년 이후이다. 하지만 한 군데는 동서방향인데도 '广东路'라고 되어 있는데, 당시에는 도로명을 모두 영어로 명명하였기 때문에 이 길 역시 'Canton Road'라고 불렸다. 초창기 외국과의 교류에서 'Canton Road'는 '广东路'로도, '广州路'로도 이해될 수 있었다. 원래는 '广州路'의 의도로 붙여졌지만, 중국어로 번역되면서 '广东路'로 불리게 된 것이다.

다음으로 상하이는 신해혁명의 거점지역이었기 때문에 도로명을 지을 때 영향을 받았다. 1912년 도로를 건설할 때 '汉中路, 满州路, 蒙古路, 新疆路, 西藏路'라고 이름 지어 중국이 '한, 만, 몽고, 위구르, 티벳' 5대 민족 국가임을 강조하였다.

그밖에 민국 초 국민당 정부가 양푸(杨浦, 양푸)구 우쟈오창(五角场, 웅우꼬장)을 중심으로 세웠던 '대상하이계획'의 영향으로 도로명이 붙여졌다. 따라서 '民, 国, 政' 등의 글자를 따서 '国定路, 民庆路, 政法路' 등과 같은 이름을 붙였다.

★ 马路와 상하이의 인연

'马路'는 '도로, 대로, 길'이라는 뜻이 있는데, 그 유래에는 두 가지 설이 있다. 첫째, 18세기 영국의 존 루던 머캐덤(1756-1836)이 새로운 공법으로 최초의 도로체계를 세워 '머캐덤(macadam) 공법'이라고 불렸다. 19세기 상하이 개항 후 영국이 이 공법으로 조계지에 길을 냈는데, 중국어로 '马卡丹'의 '马'자를 따서 '马路'라고 부르게 되었다. 둘째, 상하이 조계지에 거주하던 외국인들이 지금의 '南京东路' 이북과 '河南中路' 양측에 경마장을 만들어 놓고 말을 타고 드나들었는데, 이를 가리켜 '马路'라고 하였다.

Shanghainese Interview

리얼 상하이 사람의 목소리를 들어봅시다.

A_ 상하이에서 가장 좋아하는 거리는 어디입니까?

B_ 외국인 친구에게 상하이에서 꼭 가봐야 할 곳을 추천한다면?

A_ 톈아이루(甜爱路)

B_ 와이탄(外滩)

A_ – 쓰난루(思南路, 쓰뇌루)

B_ – 루쟈줴이(陆家嘴, 로까쯔)

학습내용
| 대학 및 전공 말하기, 장래희망 말하기
| 상하이의 교육 및 대표 대학

학습포인트
| 개사 '勒辣'의 용법
| 조동사 '想'의 용법
| 어기조사 '额'의 용법

표현&단어up
| 개인신상 및 취미 & 날씨 표현

05

농 러라 아리 독쓰

侬勒辣鞋里读书？

당신은 어디에서 공부해요?

05

농 러라 아리 독쓰
侬勒辣鞋里读书？

上海闲话 🎧 30

농 러라 아리 독쓰
侬勒辣鞋里读书？
Nón lĕkla hháli dhóksi?

응우 러라 보때다오 독 잉번
我勒辣复旦大学读英文。
Ngó lĕkla Vŏkdaedhahhok dhók Yìnven.

꺼머, 농 컹딩 독쓰 로 호 거   농 썅 쭈 싸거 꽁쫀
格末，侬肯定读书老好格。侬想做啥个工作？
Gêkmek, nón kēndhin dhóksi láo hāo gek. Nón xiān zū sā gek gònzok?

응우 썅 쭈 꼬쫑 로쓰
我想做高中老师。
Ngó xiān zū gàozon láosi.

● **새로운 어휘** 🎧 31

* 단어설명에서 ▮▮ 는 표준어 단어이다.

- 勒辣 **在** lĕkla 러라 ~에서, ~에
- 读书 dhóksi 독쓰 공부하다
- 英文 **英语** Yìnven 잉번 영어
- 格末 **那么** Gêkmek 꺼머 그럼, 그러면
- 肯定 kēndhin 컹딩 분명히
- 格 **的** gek 거 문미어기조사
- 想 xiān 썅 ~하고 싶다

- 啥个 **什么样的** sā gek 싸거 어떠한
- 做 zū 쭈 ~하다
- 工作 gònzok 꽁쫀 일, 일하다
- 高中 gàozon 꼬쫑 고등학교
- 老师 láosi 로쓰 선생님, 교사
- 复旦大学 Vŏkdae Dhahhok 보때다오 푸단대학교

당신은 어디에서 공부해요?

你在哪里读书？

Nǐ zài nǎli dúshū?

我在复旦大学学英文。

Wǒ zài Fùdàn Dàxué xué yīngwén.

那么，你成绩肯定很好。你想做什么工作？

Nàme, nǐ chéngjì kěndìng hěn hǎo. Nǐ xiǎng zuò shénme gōngzuò?

我想做高中老师。

Wǒ xiǎng zuò gāozhōng lǎoshī.

● 본문 해석

당신은 어디에서 공부하세요?

저는 푸단대에서 영어를 공부해요.

그러면, 분명히 공부를 잘하셨겠네요.어떤 일을 하고 싶으세요?

저는 고등학교 선생님이 되고 싶어요.

구문 설명

1 **개사 '勒辣 러라 '의 용법**

표준어 '在'에 해당하는 '勒辣 러라'는 동사 기능 외에도 개사로 동사 앞에 쓰여 동작행위가 일어난 장소를 나타낸다. 부정부사 '勿 버'는 '勒辣 러라' 앞에 온다. '勒辣 러라'는 '勒勒' 또는 '勒拉'로 표기하기도 한다.

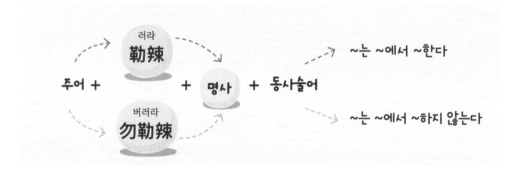

용우 러라 상해 꽁쪽
· 我勒辣上海工作。　　　　　　　나는 상하이에서 일합니다.
　Ngó lěkla Zhánhae gònzok.

용우 러라 뇌찡루 마 머즈
· 我勒辣南京路买物事。　　　　　나는 난징로에서 물건을 삽니다.
　Ngó lěkla Néujinlu má měkzhi.

용우 버러라 상해 꽁쪽
· 我勿勒辣上海工作。　　　　　　나는 상하이에서 일하지 않습니다.
　Ngó věk lěkla Zhánhae gònzok.

· 南京路　Néujinlu　난징루

2 **조동사 '想 쌍 '의 용법**

'想 쌍'은 표준어와 마찬가지로 조동사로 '~하고 싶다'는 의미이며, 동사 앞에 와서 희망, 바람의 의미를 나타낸다. 부정형은 '勿想 버쌍'이다.

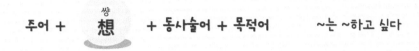

주어 + 想^쌍 + 동사술어 + 목적어　　　~는 ~하고 싶다

응우 쌍 칙 상해채
- 我想吃上海菜。　　　나는 상하이 음식을 먹고 싶습니다.
  Ngó xiān qîk Zhánhaecae.
  ・ 菜 cāe 요리, 음식

농 쌍 마 싸머즈
- 儂想买啥物事?　　　당신은 무엇을 사고 싶습니까?
  Nón xiān má sā mekzhi?

응우 버쌍 칙 비쩌우
- 我勿想吃啤酒。　　　나는 맥주를 마시고 싶지 않습니다.
  Ngó věk xiān qîk bhíjioe.
  ・ 啤酒 bhíjioe 맥주

---

③ 어기조사 '格^거'의 용법

'格^거'는 표준어 '的'와 마찬가지로 구조조사로서의 기능 외에도 어기조사로서 문미에 쓰여 단정, 확인의 어기를 나타낸다. '格' 발음은 '거'이지만 앞 글자가 비음 -ng로 끝나는 경우 '어'로 가볍게 발음하기도 하며, '个 거' 또는 '额 어'로 표기하기도 한다.

로 캐씽 어
- 老开心格。　　　아주 기뻐요.
  Láo kàexin gek.

이 독쓰 로 호 거
- 伊读书老好格。　　　그는 공부를 아주 잘해요.
  Yhí dhóksi láo hāo gek.

응우 러라 ~

我勒辣 + 장소 + 동사 。
Ngó lěkla

나는 ~에서 ~ 한다

오리
屋里
ôkli

퀘 디즈
看电视
kēu dhízhi

나는 집에서 TV를 봐요.

디노꽁쓰
电脑公司
dhínao gònsi

꽁쪽
工作
gònzok

나는 컴퓨터회사에서 일해요.

- 电视　dhízhi　TV
- 电脑公司　dhínao gònsi　컴퓨터 회사

응우 쌍 쭈 ~

我想做 ~ 。
Ngó xiān zū

나는 ~이 되고(하고) 싶다

로배
老板
láobae

나는 사장님이 되고 싶어요.

이쌍
医生
yìsan

나는 의사가 되고 싶어요.

- 老板　láobae　사장, 상점의 주인
- 医生　yìsan　의사

"儿童是我们的未来，是我们的希望，我们要把最宝贵的东西给予儿童。" - 宋庆龄

"어린이는 우리의 미래이자 희망입니다. 우리는 가장 소중한 것들을 어린이들에게 주어야 합니다." - 쑹칭링

쑨원의 부인이자 중화인민공화국 초기 주요 정치인인 쑹칭링은 일생동안 자녀를 출산하지 않았지만, 자신의 온 힘을 아동교육사업에 쏟았다. 그래서 중국 수많은 아이들의 '어머니'로 불린다. 쑹칭링은 상하이에서 태어나 상하이에서 오랫동안 거주하였다.

상하이 고위급 자녀들이 다니는
쑹칭링유치원 입구

최근 중국 대도시에서 두 자녀 가정이 늘어나고 있는 추세이지만 아직까지는 한 자녀만 가진 가정이 절대 다수이다. 따라서 대부분의 가정에서 자녀 교육에 쏟는 정성은 우리나라에 절대 뒤지지 않는다. 중국에는 교육부에서 중점적으로 관리하는 중점 대학, 중점 고등학교, 중점 중학교가 있는데, 이 학교들은 우리나라에서 흔히 말하는 명문학교들이다. 중점 중학교에 들어가면 중점 고등학교에 들어가기 유리하고, 중점 고등학교에 들어가면 중국의 각 명문대학에 입학하기 수월해진다. 때문에 중학교와 고등학교의 입시도 매우 치열하다. 상하이에 소재하고 있는 전국적으로 유명한 명문 고등학교로는 다음과 같은 학교들이 있다.

☑ 푸단대학부속고등학교 / 复旦大学附属中学

☑ 상하이외국어대학부속외고 / 上海外国语大学附属外国语学校

☑ 상하이시치바오고등학교 / 上海市七宝中学

☑ 상하이시상하이고등학교 / 上海市上海中学

☑ 상하이시젠핑고등학교 / 上海市建平中学

상하이의 명문대학에는 어떠한 학교들이 있을까

 复旦大学
푸단대학교

상하이쟈오통대학과 함께 상하이를 대표하는 종합대학이다. 전국의 대학 중 주변에 서점이 가장 많고 책을 가장 싼 값에 구입할 수 있는 대학이다.

 上海交通大学
상하이쟈오통대학교

중국의 대표적인 종합대학 중 하나이다. 캠퍼스가 넓기로 유명하다. 자전거가 없으면 학교 생활하기 불편하고, 캠퍼스 안에서 운행되는 버스도 있다.

 同济大学
통지대학교

화둥이공대학과 함께 상하이를 대표하는 이공계통의 대학이다. 상하이외국어대학과 함께 예쁜 여학생이 많기로 유명하다.

 华东理工大学
화둥이공대학교

대표적인 이공계통 대학이고, 상하이 대학 중 남학생이 가장 많고 게다가 잘생긴 훈남들이 많기로도 유명하다.

 东华大学
둥화대학교

이공계통의 대학이고, 방직부문은 전국에서 유명하다.

 华东师范大学
화둥사범대학교

상하이에서 사범계통으로 대표적인 대학이다. 가장 쾌적한 환경을 제공해 주는 도서관을 가진 것으로 유명하다.

 上海外国语大学
상하이외국어대학교

상하이의 대표적인 외국어 대학이다. 여학생들이 가장 예쁘기로 유명하다.

 上海财经大学
상하이재경대학교

재정과 경제 부문 전공으로 특화된 대학이다.

 上海海关学院
상하이하이관대학교

세관 업무 전문가를 키우는 대학이다.

 上海大学
상하이대학교

상하이의 대학 중 인터넷 카페가 가장 많다. 영화관, KTV 등 주위에 오락시설이 가장 많기로도 유명하다.

 上海中医药大学
상하이중의약대학교

중의약 부문 명문 대학이다.

---

* 각 대학의 UI는 '百度百科 www.baidu.baike.com '에서 인용하였다.

중국정부는 중국의 대학을 세계 명문대학으로 발전시키기 위해 211프로젝트**와 985프로젝트***를 실시해 오고 있다. 상하이의 대학 중 211프로젝트에 포함된 대학은 푸단대학교, 상하이쟈오퉁대학교 등 15개 대학이며, 985프로젝트에 포함된 대학도 4개 대학이 있다.

해마다 상하이의 대학에 입학하기 위해 중국 각지의 학생들이 지원을 한다. 경쟁이 치열해 입학 커트라인도 높다. 학생들이 상하이의 대학에 많이 지원하는 이유는 대학들 수준이 높기도 하고 또한 중국에서 경제가 가장 발달한 도시인 상하이에서 취업하는 데 상하이의 대학 졸업장이 유리하기 때문이다. 그럼 상하이의 대학들 중 취업율이 가장 높은 대학들은 어디일까?

2018년 기준으로 다섯 곳만 나열하면, 상하이쟈오퉁대학교, 푸단대학교, 상하이재경대학교, 퉁지대학교, 상하이외국어대학교이다. 취업율에서 상하이쟈오퉁대학교가 명문 푸단대학교를 앞서는데, 이는 상하이쟈오퉁대학교가 상대적으로 이공계열 전공이 많고 우수하기 때문이다. 상하이재경대학교는 재경 부분에서 중국에서 1위를 차지하고 있는 대학으로, 취업율 또한 당연히 높다. 이공계열 전공이 많은 퉁지대학교와 외국어로 특화된 상하이외국어대학교의 취업율도 높은 편이다. 위 대학들의 전자공학, 전기공학, 해양공학, 경제학, 애니메이션, 건축학 등의 전공들이 학생들에게 특히 인기가 높다.

\# 푸단대학교

\# 상하이쟈오퉁대학교

** 211 프로젝트는 21세기에 맞춰 100개의 중점대학을 육성하기 위한 1995년에 시행되었으며, 현재 100여 개 대학이 포함됨.

*** 985프로젝트는 세계 일류대학 건설 프로그램으로, 1998년 5월에 시행되었기에 붙여진 이름임. 이 프로젝트는 세계적인 수준을 갖춘 일류대학과 일류학과를 만들기 위해 시작되었으며, 현재 30여 개의 대학이 포함됨.

Hot tip

★ **상하이의 대학**

상하이의 쑹쟝신청(松江新城, 쏭깡신청)구에는 중국에서 규모가 가장 큰 대학 타운이 있다.

이 타운에는 총 7개의 대학이 모여있는데, 각 대학의 이름을 열거하면 다음과 같다

상하이외국어대학, 상하이대외경제무역대학교(上海对外经贸大学),

상하이리신회계금융대학교 (上海立信会计金融大学), 둥화대학교(东华大学),

상하이엔지니어링기술대학교 (上海工程技术大学), 화둥정법대학교(华东政法大学),

상하이시각예술대학교 (上海视觉艺术学院)이다.

타운 내의 대학들은 각종 시설들을 공동으로 사용하고 학생들은 타대학의 강의를 수강하여 학점을 인정받을 수 있다. 학교를 구분하는 담벼락이 없으며 녹지가 잘 조성되어 있다.

Shanghainese Interview

리얼 상하이 사람의 목소리를 들어봅시다.

A_ 상하이 사람들은 어떤 전공을 선호합니까?

B_ 상하이에 초등학교부터 대학교까지 명문학교가 있다면 어디입니까?

A_ 금융, 경제

B_ 세계외국어초등학교(世界外国语小学),
상하이고등학교(上海中学), 푸단대학교(复旦大学)

A_ 금융, 회계, 컴퓨터, 물류, 호텔

B_ 상하이외국어대부속초등학교(上外附小),
상하이외국어대부속고등학교(上外附中), 상하이대학교(上海大学)

개인신상 및 취미 관련 표현을 말해 봅시다. 33

농 싸 거 다오 삑닉
侬啥个大学毕业？
Nón sā gek dháhhok bîknik?

당신은 어느 대학을 졸업했어요?

농 거 쮜닉 즈 싸
侬格专业是啥？
Nón gek zēunik zhí sā?

당신 전공은 뭐예요?

농 거 애호 즈 싸
侬格爱好是啥？
Nón gek āehao zhí sā?

당신의 취미는 뭐예요?

응우 쪼꽤 훼씨 쾨 디잉
我交关欢喜看电影。
Ngó jiàoguae huèuxi kēu dhíyin.

저는 영화 보는 걸 아주 좋아해요.

컨딩 로 여우찡 거
肯定老有劲格。
Kēndhin láo yhíoejin gek.

분명히 재미있겠네요.

농 상해애우 깡떠 버추
侬上海闲话讲得勿错。
Nón Zhánhaehhaehho gān dek věkco.

상하이어를 아주 잘 하시네요.

응우 요 호호쪼 독쓰
我要好好叫读书。
Ngó yāo hāohao jiao dhóksi.

저는 열심히 공부하려고 해요.

찡쪼 티치 나넝
今朝天气哪能？
Jìnzao tìqi nánen?

오늘 날씨 어때요?

찡쪼 티치 로호
今朝天气老好。
Jìnzao tìqi láo hāo.

오늘 날씨가 아주 좋아요.

칭 뚜뚜 꽤쪼
请多多关照。
Qìn dùdu guàezao.

잘 부탁 드립니다.

응우 팅버칭상 농 깡 싸
我听勿清爽侬讲啥。
Ngó tìnvekqinsan nón gān sā.

말씀하신 것을 잘 못 알아 듣겠어요.

칭 째 깡익삐
请再讲一遍。
Qìn zàe gān yîk bì.

다시 한번 말씀해주세요.

다양한 취미활동을 상하이어로 말해봅시다.　🎧 34 _ 취미

쾨 디잉
看电影
kēu dhíyin

영화를 보다

우쌍지
下象棋
wúxianjhi

바둑을 두다

창꾸
唱歌
cāngu

노래를 부르다

뤼여우
旅游
lúyhioe

여행하다

뽀쌔
爬山
bósae

등산하다

틱져우
踢球
tîkjhioe

공을 차다
(축구하다)

다양한 날씨 관련 어휘를 상하이어로 말해봅시다.　🎧 35_ 날씨

뇌닉
暖热
néunik

따뜻하다

닉
热
nǐk

덥다

랑
冷
lán

춥다

록위
落雨 下雨
lǒk yhú

비가 오다

학습내용	│ 좋아하는 음식 말하기, 식사에 초대하기
	│ 상하이 음식의 특징 및 대표 음식

학습포인트	│ '一眼'의 용법
	│ 부사 '多'의 용법
	│ 동사 '欢喜'의 용법
	│ 조동사 '要'의 용법

06

응우 로 훼씨 칙 상해채

我老欢喜吃上海菜

저는 상하이 요리를 아주 좋아해요

06 我老欢喜吃上海菜

응우 로 훼씨 칙 상해채

찡쪼 아라 칙 상해채, 호바

今朝阿拉吃上海菜，好哦？

Jìnzao âkla qîk Zhánhaecae, hāo vak?

호 거, 응우 로 훼씨 칙 상해채 거

好格，我老欢喜吃上海菜格。

Hāo gek, ngó láo huèuxi qîk Zhánhaecae gek.

꺼머, 찡쪼 익딩 요 뚜 칙 잉애

格末，今朝一定要多吃一眼。

Gĕkmek, jìnzao yîkdhin yāo dù qîk yikngae.

응우 썅 칙 쌍찌뫼더우, 애요 두작하

我想吃生煎馒头，还有大闸蟹。

Ngó xiān qîk sānji méudhoe, hháeyhioe dhúzhakha.

음머 웡디, 찡쪼 응우 칭카, 버요카치

呒没问题，今朝我请客，勿要客气。

Ḿmek hhuéndhi, jìnzao ngó qīnkak, vĕkyao kâkqi.

새로운 어휘 37

* 단어설명에서 ⬜는 표준어 단어이다.

- ☐ 今朝 今天 jìnzao 찡쪼 오늘
- ☐ 阿拉 我们 âkla 아라 우리, 우리들
- ☐ 吃 qîk 칙 먹다
- ☐ 上海菜 Zhánhaecae 상해채 상하이 요리, 상하이 음식
- ☐ 欢喜 喜欢 huèuxi 훼씨 좋아하다
- ☐ 一定 yîkdhin 익딩 반드시, 꼭
- ☐ 要 yāo 요 ~해야 한다, ~할 필요가 있다
- ☐ 多 dù 뚜 많이

- ☐ 一眼 一点 yikngae 잉애 좀, 약간
- ☐ 还有 hháeyhioe 애요 그리고, 또
- ☐ 呒没问题 没问题 ḿmek hhuéndhi 음머웡디 문제없다, 괜찮다
- ☐ 请客 qīnkak 칭카 식사 초대하다, 한턱내다
- ☐ 勿要客气 不要客气 vĕkyao kâkqi 버요카치 사양하지 말아라
- ☐ 生煎馒头 生煎包 sānji méudhoe 쌍찌뫼더우 성젠, 군만두 상하이에서는 소가 들어간 만두를 '馒头'라고 함
- ☐ 大闸蟹 dhúzhakha 두쟈셰 따쟈셰, 솜털이 나있는 민물 게

저는 상하이요리를 아주 좋아해요

普通话

今天我们吃上海菜，好吗？
Jīntiān wǒmen chī Shànghǎicài, hǎoma?

好的，我很喜欢吃上海菜。
Hǎo de, wǒ hěn xǐhuān chī Shànghǎicài.

那么，今天一定要多吃点。
Nàme, jīntiān yídìng duō chī diǎn.

我想吃生煎包，还有大闸蟹。
Wǒ xiǎng chī shēngjiānbāo, háiyǒu dàzháxiè.

没问题，今天我请客，不要客气。
Méiwèntí, jīntiān wǒ qǐngkè, búyào kèqi.

● 본문 해석

오늘 우리 상하이 요리 먹어요, 좋아요?

좋아요, 저는 상하이 요리를 아주 좋아해요.

그럼, 오늘 많이 좀 먹어야 해요.

저는 성젠, 그리고 따쟈셰 먹고 싶어요.

문제없어요, 오늘 제 낼게요, 사양 마세요.

구문 설명

1 '一眼 잉애'의 용법

'一眼 잉애'는 '좀, 약간'의 의미로 표준어의 '一点'에 해당한다. '一眼 잉애'는 동사나 형용사 뒤에 와서 동작량이나 상태의 정도를 나타낸다. 중첩형은 '一眼眼 잉앵애'이다.

형용사 / 동사 + 一眼 ^{잉애}   조금 ~하다

비니 잉애
- 便宜一眼。   조금 깎아주세요.
  Bhíni yikngae.

  - 便宜 bhíni 값을 깎다, 값이 싸다

째 칙 잉애
- 再吃一眼。   조금 더 드세요.
  Zàe qîk yikngae.

  - 再 zàe 다시, 더

2 부사 '多 뚜'의 용법

'多 뚜'는 표준어와 마찬가지로 부사로 쓰일 때 동사 앞에 와서 '많이, 충분히'의 의미를 나타낸다. 이때 동사 뒤에 '一眼 잉애'을 써서 동작량을 보충설명하기도 한다.

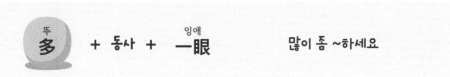

多 ^뚜 + 동사 + 一眼 ^{잉애}   많이 좀 ~하세요

뚜 쯔이 잉애
- 多注意一眼。   주의 좀 하세요.
  Dù zīyi yikngae.

^{뚜 옥 잉애}
- 多学一眼。　　　　　　공부 많이 하세요.
  Dù hhŏk yikngae.

- 注意 ziyi　주의하다
- 学 hhŏk　배우다, 공부하다

③ 동사 '欢喜'_{훼씨}의 용법

'欢喜 _{훼씨}'는 표준어의 '喜欢'으로 동사와 조동사의 용법이 있어서 명사나 동사구를 목적어로 수반할 수 있다. 부정형은 '勿欢喜 _{버훼씨}'이다.

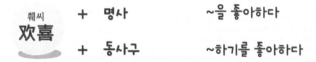

^{웅우 훼씨 상해}
- 我欢喜上海。　　　　나는 상하이를 좋아합니다.
  Ngó huèuxi Zhánhae.

^{웅우 훼씨 래 씽티디}
- 我欢喜来新天地。　　나는 신톈띠에 오는 것을 좋아합니다.
  Ngó huèuxi láe Xìntidhi.

- 新天地　Xìntidhi 신톈띠

^{웅우 버훼씨 칙 카피}
- 我勿欢喜吃咖啡。　　나는 커피 마시는 것을 좋아하지 않습니다.
  Ngó vĕk huèuxi qîk kāfi.

- 咖啡 kāfi 커피

④ 조동사 '要 요'의 용법

'要 요'는 표준어와 마찬가지로 '~하려고 한다, ~할 것이다, ~해야 한다'의 의미로, 동사 앞에 와서 염원이나 의지를 나타낸다.

^{웅우 요 옥 상해애우}
- 我要学上海闲话。　　나는 상하이말을 배우려고 해요.
  Ngó yāo hhŏk Zhánhaehhaehho.

구문 설명

농 요 뚜 쎠우씩
- 儂要多休息。 　　　　　　 푹 쉬어야 해요.
  Nón yāo dù xiòexik.

  　　　　　　　　　　　 • 上海闲话 Zhánhaehhaehho 상하이어, 상하이말

의지 및 필요를 나타내는 '要요'의 부정형은 '勿想 버쌍 ~하고 싶지 않다 ' 혹은 '用勿着 용버작
~하지 않아도 된다 '이다.

웅우 버쌍 옥 상해애우
- 我勿想学上海闲话。 　　 나는 상하이말을 배우고 싶지 않습니다.
  Ngó věk xiān hhǒk Zhánhaehhaehho.

농 용버작 치 쾨빙
- 儂用勿着去看病。 　　　 당신은 진료를 받으러 갈 필요가 없습니다.
  Nón yhiónvekzhak qī kēubhin.
  　　　　　　　　　　 • 用勿着　yhiónvekzhak ~할 필요가 없다
  　　　　　　　　　　 • 看病 kēubhin 진료받다

'勿要~ 버요'는 '~하지 말아라, ~하지 마세요'로 금지의 의미를 나타낸다.

버요 망지
- 勿要忘记。 　　　　　　 잊지 마세요.
  Věk yāo mánji.
  　　　　　　　　　　 • 忘记 mánji 잊다

버요 때씽
- 勿要担心。 　　　　　　 걱정하지 마세요.
  Věk yāo dàexin.
  　　　　　　　　　　 • 担心 dàexin　걱정하다

표현 연습

찡쪼 아라 칙
今朝阿拉吃 음식이름 ， 好哦？
Jìnzao âkla qîk
호바
háo vak?

오늘 우리 ~ 먹어요, 좋아요?

광똥채
广东菜
Guāndongcae

광둥 요리

외꼬채
韩国菜
Hhéugokcae

한국 요리

· 广东菜 Guāndongcae 광둥요리

찡쪼 익딩 요 뚜
今朝一定要多 동사 一眼。
Jìnzao yîkdhin yāo dù
잉애
yikngae

오늘 많이 좀 ~ 해야 해요

칙
吃
qîk

오늘 많이 좀 먹어야 해요.

쾨
看
kĕu

오늘 많이 좀 봐야 해요.

★ Shanghai Quotes

"中国人好吃，我觉得是值得骄傲的，因为是一种最基本的生活艺术。" - 张爱玲

"중국인은 먹는 것을 좋아하는데, 나는 이것을 자랑할 만한 일이라고 생각한다. 왜냐하면 먹는 행위는 하나의 기본적인 생활예술이기 때문이다." – 장아이링

중국인은 먹는 행위를 아주 중요하게 여긴다. 중국어 여러 영역의 표현에 먹는 것과 관련된 것이 많이 나온다. 예를 들면, '(직업으로서의) 일'을 '밥그릇(饭碗)'으로, '해고하다'를 '오징어를 볶다(炒鱿鱼)'로, '질투하다'를 '식초를 먹다(吃醋)'로, '따귀를 맞다'를 '따귀를 먹다(吃耳光)'로 표현한다.

★ About Shanghai

상하이 음식의 특징

상하이는 근대 이후 각지의 중국인들과 외국인들이 이주해 와 살면서 독특하고 개방적인 분위기를 형성하였고, 이에 따라 특색 있는 먹을거리들도 많이 생겨났다. 상하이의 음식은 담백하고 재료 원래의 맛을 잘 드러내는 것을 특징으로 하며 비교적 단 편이다.

티엔쯔팡의 상하이 먹거리

바다에 접해 있는 지역적 특색으로 인해 해산물을 이용한 음식이 많이 있으며, 특히 상하이의 민물게 요리 '따쟈셰(大闸蟹, 두짜하)'는 국제적 명성을 지니고 있다.

여기에서는 상하이인들이 일상적으로 즐겨 먹는 대표적인 먹거리들을 알아보자.

★ 양춘미엔 阳春面 양청미

양춘미엔의 다른 이름은 칭탕미엔(清汤面, 칭탕미)이고 영어로는 'Plane Noodles'로 표기된다. 이름에서 알 수 있듯이 어떠한 부재료도 넣지 않고 끓인 탕면을 말한다. 모양이 단순하고 만들기도 쉽고 맛도 깔끔하여 아침 식사로 적당하다.

양춘미엔이라는 이름을 얻기 전에는 칭광미엔(清光面, 칭꽝미)이라는 이름으로도 불렸는데, 사람들이 이 이름은 불길한 느낌을 준다고 여겨('清光'은 재물이나 시간을 몽땅 써버린다는 의미) 양춘미엔으로 바꿔서 부르게 되었다고 한다. 옛날 상하이 사람들은 숫자 10을 '阳春'이라 불렀고, 이 탕면 한 그릇에 10문(文)이었다. 그래서 양춘미엔이라는 이름을 얻게 되었다.

★ 샤오룽빠오 小笼包 쇼룽뙤더우

표준어로는 '샤오룽빠오(小笼包)'라고 부르지만, 상하이에는 '包(包子)'를 모두 '뙤더우(馒头)'라고 부른다. 샤오룽빠오는 강소성 남부, 상하이, 절강성 일대에서 많이 먹는 음식으로, 대나무로 만든 찜 바구니 안에 작은 만두가 10개씩 들어 있는데, 이 10개의 만두가 하나의 룽(笼)이라 하여 이런 이름이 붙여졌다.

샤오룽빠오

역사적으로 보면, 북송의 수도인 카이펑(开封, 캐펑) 지역에서 처음 생겨나, 남송 시기에 강남 지역으로 전해져 현재의 형태를 갖추게 되어 강남의 대표적 간식으로 자리잡았다. 청나라 말기 생겨난 상하이 난샹샤오룽(南翔小笼, 뇌샹샤오룽)은 중국은 물론이고 해외에서도 명성이 높다.

샤오룽빠오를 먹는 방법 : 샤오룽빠오 안에는 뜨거운 즙이 듬뿍 들어있기 때문에 무턱대고 입에 넣을 경우 입천장을 데기 십상이다. 일반적으로, 젓가락으로 샤오룽빠오 머리 부분을 집어서 숟가락 위에 올려놓고 살짝 옆으로 눕힌 다음 이빨로 살짝 구멍을 내어 즙을 밖으로 빼내고 입으로 불어 조금 식힌 후 전체를 입 안에 넣는다.

★ 파이구니엔가오 排骨年糕 바꾸니꼬

50여 년의 역사를 지닌 상하이의 전통 간식이다.
다양한 방법으로 조리한 돼지갈비를 구운 흰떡 위에
올리고 소스를 부어 먹는다. 한 끼 식사로 든든하다.

파이구니엔까오

★ 시에커황 蟹売黄 하코왕

1920년대 초기부터 상하이인들이 즐겨 먹던 간식이다. 밀가루를 반죽하여 납작한 빵 모양으로
만들어 화덕에 굽는다. 윗면에는 참깨가 뿌려지고 안에 들어가는 재료에 따라 단 맛과 짠 맛으로
구분된다. 단 맛에는 설탕과 함께 팥이나 대추 등이 들어가고, 짠 맛에는 고기나 건어물 등이
들어간다. 게의 등껍질 모양이고 붉은 빛으로 구워져 나와 시에커황이라는 이름을 얻었다.

★ 황주黃酒 왕쪄우

북방의 중국인들이 잡곡을 증류해 만드는 높은
돗수(35-60도)의 백주(白酒, 벅쪄우)를 즐겨 마시는
것에 비해, 상하이를 비롯한 강남 지방에 거주하는
중국인들은 쌀을 발효시켜 만드는 낮은 돗수(14-
20도)의 황주를 즐겨 마신다. 황주는 3000여 년의 오랜
역사를 지닌 술로서 쌀이나 찹쌀을 발효시켜 만든다.
은은한 붉은 빛을 띠기 때문에 황주라는 이름을 지닌다.

상하이의 황주

★ 상하이의 '사대금강(四大金剛, 사천왕)'이란?

상하이의 먹거리는 무궁무진한데, 그 중에서 '사대금강(四大金剛, 상하이어로 '쓰다찡깡'이라고 함)'으로 이름 붙여진 상하이의 아침식사가 유명하다. 언제부터인지는 정확하지 않지만, 사대금강은 상하이의 대표적인 아침식사인 '유탸오(油条, 여우탸오, 기름에 튀긴 밀가루빵)', '따빙(大饼, 다빙, 화덕에 구운 빵)', '떠우쟝(豆浆, 더우쟝, 콩국)', '츠판(粢饭, 츠배, 찹쌀 주먹밥)'을 가리키는 대명사가 되었다.

Shanghainese Interview

리얼 상하이 사람의 목소리를 들어봅시다.

A_ 상하이에서 가장 유명한 먹자골목은?

B_ 외국인 친구에게 추천하고 싶은 상하이 음식은 무엇입니까?

A_ 청황묘(城隍庙 청왕묘)

B_ 셩젠빠오(生煎包 쌍지뫼더우), 샤오롱빠오(小笼包 쇼룽뫼더우), 쓰따진깡(四大金刚 쓰다찡깡)

A_ 우쟝루(吴江路 우깡루)

B_ 샤오훈뚠(小馄饨 쇼웡덩 완탕), 샤오롱빠오(小笼包 쇼룽뫼더우), 셩젠빠오(生煎包 쌍지뫼더우), 츠판투완(粢饭团 츠배둬 찹쌀주먹밥)

| **학습내용** | | 화폐 말하기, 결제수단 말하기 |
| | | 상하이의 쇼핑 문화 및 패션 |

학습포인트		100 이상 숫자 읽기
		화폐 세는 표현
		부사 蛮의 용법
		부사 侪의 용법
		'好~'의 기능

거지 이장 찌디

掰件衣裳几钿？

이 옷은 얼마에요?

07

거지 이장 찌디
掰件衣裳几钿？

上海闲话  🎧 39

거지 이장 매 호쾨, 찌디
掰件衣裳蛮好看，几钿？
Ghĕk jhi yīzhan màe hāokeu, jī dhi?

응빡 퀘
五百块。
Ńg bâk kuē.

터 쥐 러　　　비니 잉애
忒贵了！便宜一眼。
Têk jū lek! Bhíni yîkngae.

때버치, 거지 버호 땅쩍, 이지 호 땅쩍
对勿起，掰件勿好打折，伊件好打折。
Dēvekqi, ghĕk jhi vĕk hāo dānzek, yì jhi hāo dānzek.

쯔푸뽀 호푸바
支付宝好付哦？
Zīfubao hāo fū vak?

쯔푸보, 웨씽 재 호푸
支付宝、微信侪好付。
Zīfubao, Wēxin zháe hāo fū.

🔵 새로운 어휘 🎧 40

* 단어설명에서 ▇ 는 표준어 단어이다.

☐ **件** jhi 지 옷이나 문건 등을 세는 양사

☐ **衣裳** 衣服 yizhan 이장 옷

☐ **蛮** 很 màe 매 꽤, 아주

☐ **好看** 漂亮 hāokeu 호쾨 예쁘다, 보기 좋다

☐ **几钿** 多少钱 jī dhi 지디 얼마

☐ **百** bâk 빡 백, 100

☐ **块** kuē 퀘 ~위안(화폐를 세는 단위)

☐ **忒** 太 têk 터 너무

☐ **贵** jū 쥐 (가격이) 비싸다

☐ **便宜** bhíni 비니 (가격이) 싸다, 저렴하다

☐ **对勿起** 对不起 dēvekqi 떼버치 미안하다

☐ **打折** dānzek 땅쩍 할인하다

☐ **付** fū 푸 지불하다

☐ **侪** 都 zháe 재 모두, 다

☐ **支付宝** Zīfubao 쯔푸뽀 즈푸바오, 알리페이

☐ **微信** Wēxin 웨씽 웨이신

124

이 옷은 얼마에요?

这件衣服很漂亮，多少钱？

Zhè jiàn yīfu hěn piàoliang, duōshao qián?

五百块。

Wǔbǎi kuài.

太贵了！便宜点儿。

Tài guìle! Piányì diǎnr.

对不起，这件不能打折，那件可以打折。

Duìbuqǐ, zhè jiàn bùnéng dǎzhé, nà jiàn kěyǐ dǎzhé.

支付宝可以付吗？

Zhīfùbǎo kěyí fù ma?

支付宝、微信都可以付。

Zhīfùbǎo、Wēixìn dōu kěyǐ fù.

● 본문 해석

이 옷이 아주 예뻐요, 얼마에요?

500위안이에요.

너무 비싸요! 좀 싸게 해주세요.

죄송해요, 이건 할인할 수 없는데, 저건 할인할 수 있어요.

알리페이로 지불할 수 있어요?

알리페이, 웨이신 다 지불할 수 있어요.

구문 설명

1 100 이상의 숫자 읽기

10	100	1000	10000
十 zhěk 적	百 bâk 빡	千 qì 치	万 váe 배

100	200	210
一百 yîk bak 이빡	两百 lián bak 량빡	两百十 lián bak zhěk 량빡적

202	2200	20020
两百零两	两千两百	两万零廿
lián bak lín lián 량빡링량	lián qi lián bak 량치량빡	llián vae lín niáe 량배링니애

십의 자리를 제외하고 나머지 자리에서는 '一'를 생략할 수 없어.

0은 零 lín으로 말하며, 0이 두 자리 이상이어도 한번만 말해!

2 화폐 세는 표현

화폐를 셀 때 위안은 '块 kuē 퀘'로, 쟈오(또는 마오)는 '角 gôk 꼬'로, 펀은 '分 fèn 편'으로 말한다.

량퀘 링량(펀)
- 两块零两（分）　　　¥2.02
  lián kue lín lián (fen)

니애니 퀘 량(꼬)
- 廿二块两（角）　　　¥22.20
  niáeni kue lián (gok)

응빡 링록퀘 빡(꼬)
- 五百零六块八（角）　　¥506.80
ńg bak lín lǒk kue bâk (gok)

가격을 물을 때 쓰는
几钿 얼마 의 钿 dhí, 디는
원래 동전을 의미해.

째치링니애퀘
- 三千零廿块　　　　　¥3020.00
sàe qi lín niáe kue

3　부사 '蛮 매'의 용법

'蛮 매'는 표준어의 '很, 非常'에 해당하는 정도부사로, 형용사 앞에 와서 상태나 성질의 정도를 나타낸다. 비슷한 단어로 '老'가 있다.

매
蛮　+ 형용사　　　　매우(아주) ~하다

야찡 매 호쾨
- 夜景蛮好看。　　　야경이 꽤 멋져요.
Yhiájin màe hāo kēu.

- 夜景 yhiájin 야경

미또 매 버추
- 味道蛮勿错！　　　음식 맛이 꽤 좋아요!
Mídao màe vĕkco!

- 味道 mídao 음식맛
- 勿错 vĕkco 좋다, 괜찮다

구문 설명

4 부사 '侪재'의 용법

'侪재'는 표준어 '都'에 해당하는 부사로, 주어가 복수의 사람이나 사물일 때 동사 앞에 '侪재'를 써서 주어 모두를 나타낸다.

이라 재즈 상해닝
- 伊拉侪是上海人。   그들은 모두 상하이 사람이에요.
  Yhíla zháe zhí Zhánhaenín.

응아태, 푸퉁 재 호쾨
- 外滩、浦东侪好看。   와이탄, 푸퉁 모두 아름다워요.
  Ngátae, Pūdon zháe hāo keu.

5 '好호~'의 기능

'好'는 표준어의 '可以'에 해당하는 조동사 기능이 있으며, 동사 앞에 쓰여 '~할 수 있다, ~해도 된다'의 의미를 나타낸다.

쯔푸뽀 호푸바
- 支付宝好付哦?   즈푸바오로 지불해도 돼요?
  Zǐfubao hāo fū vak?

응우 호찡래 바
- 我好进来哦?   들어가도 돼요?
  Ngó hāo jīnlae vak?

            · 进来 jīnlae   들어오다

가따 버호 칙 쌍이
- 舺搭勿好吃香烟。   여기서 담배를 피우면 안돼요.
  Ghěkdak vek hāo qîk xiānyi.

            · 香烟 xiānyi   담배

거　　　　　매 호쾨,　　지디
㘑　~　蛮好看，几钿？
Ghĕk　　　màe hāo keu,　ji dhi?

이 ~ 는 아주 예뻐요, 얼마에요?

토 주쮜
套茶具
tao zhójhu

이 다기 세트는 아주 예뻐요, 얼마에요?

됴 쿠쯔
条裤子
diao kūzi

이 바지는 아주 예뻐요, 얼마에요?

- 套 tao 세트(양사)　　　　・条 diao 벌(양사)
- 茶具 zhójhu　다기　　　　・裤子 kūzi 바지

거거 버호　　　　　이거 호
㘑个勿好　~，伊个好　~。
Ghĕk gek vĕk hāo　　yì gek hāo

이것은 ~할 수 없고,
저것은 ~할 수 있어요

비니
便宜
bhíni

비니
便宜
bhíni

이것은 싸게 할 수 없고,
저것은 싸게 할 수 있어요.

마
卖
mā

마
卖
mā

이것은 팔수 없고, 저것은 팔수 있어요.

- 卖 mā　팔다

★ Shanghai Quotes

上海的女人极少有邋遢的，她们宁可委屈肚子也不愿委屈了服装。在没打扮好之前，宁可迟到也不会出门的。-《上海女声》

상하이의 여성들이 깔끔하지 않은 옷차림을 한 경우는 찾아보기 힘들다. 그들은 밥을 굶는 한이 있더라도 옷차림에는 인색하지 않다. 약속에 늦을지언정 맘에 드는 화장과 옷차림을 하기 전에 집을 나서는 경우는 없다. - 《상하이 여성의 소리》

상하이 여성들이 외모 가꾸기를 좋아한다는 것은 중국인들에게는 잘 알려져 있다. 이것은 상하이 여성들 스스로도 인정하는 사실이다. 이는 가정과 사회에서 상하이 여성들의 지위가 높은 것을 반영하는 것이기도 하다.

★ About Shanghai

상하이는 16개 구(현)로 이루어져 있는데, 그 중에서 상권이 번화한 구는 황푸(黄浦)구, 창닝(长宁, 장닝)구, 푸동(浦东)신구, 징안(静安,징우위)구이다.

☐ 황푸구는 황푸강의 서쪽에 있어서 푸시(浦西, 푸시)라고도 하며, 상하이의 가장 번화한 중심업무지역으로 행정, 금융, 문화, 무역의 중심이다.

☐ 창닝구는 상하이의 서쪽에 위치하며, 상하이에서 가장 일찍 개발되어 영사관 및 외국기업, 외국인 거주지가 모여 있다.

☐ 푸동신구는 황푸강의 동쪽에 위치하며, 90년대 들어서면서 개발되어 상하이의 금융, 교통, 상업의 허브로 부상하고 있다. 푸동에서는 중국의 급속한 경제 성장을 상징하는 둥팡밍주탑을 비롯하여 진마오(金茂, 찡모)타워 등 초고층 스카이라인을 볼 수 있다.

☐ 징안구는 역사가 오래된 징안사로 인해서 얻어진 이름으로 최고급 호텔이 집중되어 있고 외국 주재원들이 거주하는 고급주택가들이 많다. 또한 19세기 말부터 20세기에 이르기까지 많은

문화예술인이 배출되었다. 특히 장제스(蔣介石, 깡까젝)와 쑹메이링(宋美齡, 쑹매링)이 혼례를 거행한 교회가 유명하다.

상하이에는 문을 연지 100년이 넘은 노포(老铺)가 많다. 일부만 소개하면 다음과 같다.

300년의 역사를 지닌 주방용품 상점

- ☑ 上海张小泉刀剪总店 (南京东路490号): 300년의 역사를 지닌 주방용품 전문점이다.

- ☑ 曹素功墨苑 (金陵东路167号): 문방사우 판매 전문점. 청나라 강희6년(1667년)에 문을 열었다.

- ☑ 京都达仁堂 (西藏南路78号): 유구한 역사를 지닌 약국이다.

- ☑ 翁隆盛茶叶店 (南京东路388号): 절강성에서 생산되는 명차를 판매하는 상점이다.

- ☑ 王宝和酒家 (福州路603号): 상하이 가장 오래된 식당 중 하나. 1744년 세워졌다.

- ☑ 吴良材眼镜商店 (南京东路297号): 세워진 지 200년이 넘은 안경 전문점이다.

- ☑ 程裕新茶叶店 (浙江中路58号): 안휘성에서 생산되는 명차를 판매하는 상점이다.

- ☑ 老凤祥银楼 (南京东路423号): 160여년 역사를 지닌 보석 전문점이다.

- ☑ 真老大房食品公司 (南京东路542号): 100여년 역사를 지닌 식품회사이다.

- ☑ 上海铜响器商店 (人民路7号): 구리 재질의 전통악기 판매점. 160여년의 역사를 가졌다.

상하이는 중국의 패션 중심지이다. 패션에 대해서는 파리, 뉴욕, 밀라노를 언급하듯이, 중국에서는 베이징보다는 상하이가 먼저이다. 어떠한 옷도 상하이 아가씨가 입으면 폼이 나고 품위가 있어진다는 말이 있다. 이는 오랫동안 상하이의 경제적 발전과 풍요를 기반으로 문화적 소양과 자신감에 의해 생겨났다고 할 수 있으며, 이러한 기질이 자연스럽게 패션에

신텐띠의 치파오 가게

대한 관심과 차별화된 문화적 분위기를
형성하였다고 할 수 있다.

중국의 패션산업을 선도하는 상하이에서는
매년 두 차례 상하이 패션위크가 열리는데, 이
행사는 우리나라를 비롯한 세계 각국의 패션
업체들도 관심을 가지고 참여한다.

#백화점 의류 매장에서 옷을 고르는 상하이 시민들

상하이 사람들이 즐겨 찾는 의류 브랜드는 어떤 것들이 있을까?

☐ 古今 GUJIN: 중국(상하이) 여성 속옷 브랜드

☐ 金利来 GOLDLION: 홍콩 남성 의류 브랜드

☐ 圣大保罗 SANTA BARBARA POLO: 미국 남성 의류 브랜드

☐ 播 Broadcast: 중국(상하이) 여성 의류 브랜드

☐ 常春藤 IVYHOUSE: 중국(상하이) 아동복 브랜드

☐ 欧迪芬 ordifen: 대만 여성 속옷 브랜드

☐ 法纳贝儿 FANAPAL: 대만 아동복 브랜드

☐ 可爱100 keai100: 한국 아동복 브랜드

☐ 黛安芬 Triumph: 독일 속옷 브랜드

☐ 今童王 K-boy: 중국(상하이) 아동복 브랜드

Hot tip

★ 전자화폐 결제

최근 상하이에서는 모바일 기기를 기반으로 한 전자화폐 결제가 주를 이루어 중소 규모의 상점들에서는 현금이나 카드 결제 대신 알리페이나 위챗페이를 통한 결제가 주를 이루고 있다. 특히 식당의 셀프주문 기기나 자동판매기에는 현금이나 카드투입기가 없이 QR코드만 붙어있는 경우가 많다.

Shanghainese Interview

리얼 상하이 사람의 목소리를 들어봅시다.

A_ 평소에 어디에 가서 옷을 삽니까?

B_ 상하이의 대표적인 브랜드나 상점은 어디입니까?

A_ 난징시루(南京西路, 뇌징시루)

B_ 청황묘(城隍庙, 정왕묘), 따바이투나이탕(大白兔奶糖, 다벅투나당)

A_ 쇼핑몰

B_ 상하이띠이스핀띠엔(上海第一食品店, 상해띠익스핀띠), 꽝밍(光明, 꽝밍)브랜드

| **학습내용** | | 경험 말하기, 과거시제 표현하기 |
| | | 상하이의 볼거리 및 대표 관광지 |

학습포인트		'동태조사 了'의 용법
		'多少'의 용법
		동태조사 过'의 용법
		동사의 중첩형

| **표현&단어up** | | 쇼핑 및 음식 관련 표현 |

08

이따 요칙 바쌍샹

伊搭要去白相相

거기는 놀러 가봐야 해요

08

이따 요칙 바쌍샹

伊搭要去白相相

上海闲话 ··· 43

농 러라 상해 즈러 뚜쏘 전꽝러
侬勒辣上海住勒多少辰光勒？
Nón lĕkla Zhánhae zhí lek dùsao zhénguan lek?

이찡 량 어 오더우러
已经两个号头勒。
Yhíjin lián gek hháodhoe lek.

꺼머, 농 익딩 바쌍꾸 쬬꽤 디팡러
格末，侬一定白相过交关地方勒。
Gêkmek, nón yîkdhin bhăkxian gu jiàoguae dhífan lek.

즈 거, 웅아태, 정왕묘 재 치꾸러, 버꾸 딕쓰니 애 음머 치꾸
是格。外滩、城隍庙侪去过勒，勿过迪斯尼还哰没去过。
Zhí gek. Ngátae, Zhénhhuanmiao zháe qī gu lek, vĕkgu Díksini hháe m̀mek qī gu.

이따 요칙 바쌍샹, 져우즈 닝 터뚜
伊搭要去白相相，就是人忒多。
Yìdak yāo qī bhăkxianxian, jhióezhi nín têk dù.

새로운 어휘 44   * 단어설명에서 ▨▨ 는 표준어 단어이다.

- 住 zhí 즈 살다, 거주하다
- 多少 dùsao 뚜쏘 얼마
- 辰光 时间 zhénguan 전꽝 시간
- 已经 yhíjin 이찡 이미, 벌써
- 号头 月 hháodhoe 오더우 ~개월
- 白相 玩儿 bhăkxian 바쌍 놀다, 놀러다니다
- 过 gu 꾸 ~한 적이 있다
- 交关 上当 jiàoguae 쬬꽤 상당히, 많이

- 地方 dhífan 디팡 곳, 장소
- 去 qī 치 가다
- 勿过 不过 vĕkgu 버꾸 그런데, 그러나
- 还 hháe 애 아직
- 伊搭 那里 yìdak 이따 거기, 그곳
- 就是 jhióezhi 져우즈 바로~이다
- 城隍庙 Zhénhhuanmiao 정왕묘 청황묘
- 迪斯尼 Díksini 딕쓰니 디즈니

거기는 놀러 가봐야 해요

你在上海住了多久？

Nǐ zài Shànghǎi zhù le duōjiǔ?

已经两个月了。

Yǐjīng liǎng gè yuè le.

那么，你一定玩儿过不少地方。

Nàme, nǐ yídìng wánr guo bùshǎo dìfang.

是的。外滩、城隍庙都去过了，不过迪斯尼还没去过。

Shì de. Wàitān、Chénghuángmiào dōu qù guo le, búguò Dísīní háiméi qù guo.

那里要去玩儿，就是人太多。

Nàli yào qù wánr, jiùshi rén tài duō.

● 본문 해석

상하이에서 거주한 지 얼마나 되었어요?

벌써 두 달이 되었어요.

그럼, 분명히 많은 곳을 가보셨겠어요.

네, 와이탄, 청황묘 모두 가봤는데 디즈니는 아직 못 가봤어요.

거기는 놀러 가봐야해요, 그런데 사람이 너무 많아요.

구문 설명

1 ## 동태조사 '勒 러'의 용법

표준어 '了'에 해당하는 '勒 러'는 문미에 쓰이는 어기조사 기능 외에도 동태조사로서 동사 뒤에 와서 동작의 완료를 나타낸다.

> 웅우 래러 량 어 리빠러
> · 我来勒两个礼拜勒。　　나는 온 지 두 주 되었어요.
> Ngó láe lek lián gek líba lek.
>
> > · 来 láe 오다
>
> 웅우 옥러 뾔니러
> · 我学勒半年勒。　　나는 배운 지 반년 되었어요.
> Ngó hhŏk lek bēuni lek.
>
> > · 半年　bēuni　반년

2 ## '多少 뚜쏘'의 용법

'多少 뚜쏘'는 표준어와 마찬가지로 수량을 묻는 의문사로, 단독으로 사용할 수도 있고 명사 앞에 올 수도 있다. 수량을 묻는 다른 표현으로는 '几化 jīho 지오'가 있다.

> 농 써우찌 오더우 뚜쏘
> · 侬手机号头多少？　　휴대전화 번호가 몇 번이에요?
> Nón sōeji hháodhoe dùsao?
>
> > · 手机号头 sōeji hháodhoe 휴대폰 번호
>
> 농 래 상해 뚜쏘 전꽝러
> · 侬来上海多少辰光勒？　상하이에 온 지 얼마나 되었어요?
> Nón láe Zhánhae dùsao zhénguan lek?

3 ## 동태조사 '过 꾸'의 용법

'过꾸'는 표준어와 마찬가지로 동사 뒤에 와서 '~한 적이 있다'와 같이 과거의 경험을 나타낸다. 경우에 따라서 문미에 '勒 러'를 수반하기도 한다. 부정형은 '吥没 음머'를 써서 표현한다.

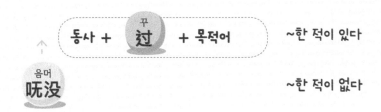

~한 적이 있다

~한 적이 없다

응우 즈꾸 우빙배띠
· 我住过和平饭店。　　　나는 허핑호텔에 묵은 적이 있어요.
Ngó zhí gu Hhúbhin vaedi.

응우 칙꾸 상해채러
· 我吃过上海菜勒。　　　나는 상하이 음식을 먹어본 적이 있어요.
Ngó qîk gu Zhánhaecae lek.

응우 음머 칙꾸 상해채
· 我呒没吃过上海菜。　　나는 상하이 음식을 먹어본 적이 없어요.
Ngó ḿmek qîk gu Zhánhaecae.

 동사의 중첩형

동사를 중첩하여 표현함으로써 명령, 의도, 시도의 의미를 나타낼 수 있다. 일반적으로
'AA, A一A, AA看' 유형으로 중첩하며, 동목구조의 이음절 동사는 'ABB' 유형으로 중첩된다.

농 떵익덩
· 侬等一等。　　　　기다려주세요.
Nón dēn yik den.
　　　　　　　　　　　　　　　　· 等 dēn 기다리다

응우 썅 칙칙쾨
· 我想吃吃看。　　　나는 맛을 좀 보고 싶어요.
Ngó xiān qîkqikkeu.

아라 익도 치 바쌍샹
· 阿拉一道去白相相。　　우리 함께 놀러 나가요.
Âkla yîkdhao qī bhăkxianxian.

농
侬 ～
Nón

러 뚜쏘 전꽝러?
勒多少辰光勒？
lek dùsao zhénguan lek?

당신은 ～한지 얼마나 됐어요?

쾨
看
kēu

당신은 본지 얼마나 됐어요?

바샹
白相
bhǎkxian

당신은 놀러 다닌지 얼마나 됐어요?

재 치구러,
～ **侪去过勒，**
zháe qi gu lek,

버꾸
勿过 ～
věkgu

애 음머 치꾸
还呒没去过。
hháe ḿmek qi gu.

～ 모두 가봤는데,
～ 아직 못 가봤어요

꾸꿍,   이우위
故宫、颐和园
Gùgon,   Yhīwuyhueu

장정
长城
Zhánzhen

고궁, 이허위안 모두 가봤는데,
창청를 아직 못 가봤어요.

찡폭꿍,   밍똥
景福宫、明洞
Jīnfokgon,   Míndon

뇌째
南山
Néusae

경복궁, 명동 모두 가봤는데,
남산을 아직 못 가봤어요.

- 故宫 Gùgon 꾸꿍, 고궁
- 颐和园 Yhīwuyhueu 이허위안, 이화원
- 长城 Zhánzhen 창청, 만리장성
- 景福宫 Jīnfokgon 경복궁
- 明洞 Míndon 명동
- 南山 Néusae 남산

★ **Shanghai Quotes**

"上海最大的特点是新，是创新。不要与其他城市比老，你有六千年，别人有一万年。比老比不过人家，比新则上海一骑绝尘。" - 周振鹤

"상하이 가장 큰 특징은 새로움이자, 새로움을 창조하는 것입니다. 다른 도시들과 누가 더 오랜 역사를 지녔는지를 비교하지 마세요. 당신들이 6천 년의 역사를 지니고 있다면 다른 곳은 일만 년의 역사를 지니고 있어요. 오래됨으로는 다른 도시를 이길 수 없지만, 새로움을 가지고 비교한다면 상하이는 타의 추종을 불허합니다."- 저우전허

상하이는 역사도시가 아니다. 아편전쟁 이전만 해도 양자강 하류의 자그만 어촌에 불과했다. 하지만 개혁개방 이후 현재까지 상하이는 그야말로 빛의 속도로 변화와 발전을 거듭하고 있다. 최근 외국에서 제작한 다수의 SF 영화들에서 미래 도시의 정경을 묘사함에 있어 현재 상하이의 모습을 많이 참고했다고 한다.

★ **About Shanghai**

중국의 경제 중심지이자 관광도시이기도 한 상하이에는 많은 볼거리들이 있다. 그 중 많은 사람들이 찾는 곳을 중심으로 몇 군데만 알아보자.

둥팡밍주 东方明珠 똥팡밍쯔 TV타워

이곳은 상하이의 대표적인 랜드마크로, 푸동의 루쟈쮀이(陆家嘴, 로까쯔)에 있으며 높이는 약 468미터이다. 1991년 7월에 공사를 시작하여 1995년 5월에 완공하였다. 지금은 상하이 하면 가장 먼저 떠오르는 것이 둥팡밍주이지만, 건립 당시에는 그 독특한 디자인으로 인해 관계 공무원들에 의해 부결되었던 것을 디자인 팀 책임자가 당시 상하이 당서기와 시장에게 편지도 쓰고 백방으로 노력하여 현재 모습의 타워를 건설할 수 있었다는 후문이 있다.

둥팡밍주 TV타워

둥팡밍주는 2017년 미국의 어느 잡지가 선정한 세계에서 가장 못생긴 24개 건축물 중 하나로 열거된 바 있다. 하지만, 둥팡밍주는 그 독특한 디자인으로 인해 오히려 많은 사람들의 사랑을 점차적으로 더 많이 받고 있다.

와이탄 外滩 융아태

황푸구의 황푸강변에 있다. 1844년부터 이 일대가 영국 조계지로 지정되어 많은 서양식 건축물들이 지어지기 시작하여 오늘날까지 동서양 문화가 결합한 독특한 외관을 형성하고 있다.

\# 와이탄의 밤풍경

위위엔 豫园 위위 과 청황묘

상하이 구 시가지 동북부에 위치한 위위엔은 명나라 때 지어졌으며 강남 지방의 고전미를 간직한 정원이다. 위위엔 옆에 위치한 청황묘는 600년의 역사를 지닌 도교 사당이다. 위위엔과 청황묘는 역사와 문화 유적지일 뿐만 아니라, 그 주변은 각종 토산품과 기념품 가게들이 몰려 있는 쇼핑의 명소이기도 하다. 샤오롱빠오쯔 등의 간식거리를 파는 유명한 식당들도 자리하고 있다.

\# 위위엔 입구 풍경

루쟈쮀이 陆家嘴

푸동의 황푸강변에 위치하고 있어 강 건너편의 와이탄과 마주하고 있다. 중국의 금융 중심지로, 둥팡밍주 TV타워와 더불어 세계 2위, 9위, 19위의 고층빌딩이 이곳에 있다.

상하이 엑스포 박물관. 2010년 상하이 엑스포를 계기로 만들어졌다. 이곳에서는 2010년의 엑스포의 성과를 소개하고 엑스포의 역사와 2010년 이후 엑스포 개최 상황을 모니터링 해준다.

상하이 신톈띠(新天地, 씽티디). 스쿠먼 건축물을 현대식으로 개조해 레스토랑, 각종 상점, 오락시설을 갖춘 지역이다.

이밖에도 상하이야생동물원, 상하이박물관, 난징루(南京路, 뇌징루) 도보거리 등의 볼거리들이 있다.

\# 신톈띠의 스쿠먼

\# 루쟈쮀이의 모습

\# 난징루 도보거리

★ 상하이의 지하철은 몇 호 선까지 있을까?

\# 상하이 전철 출입구의
보안검색아태

대중교통 수단 중의 하나인 지하철은 상하이에서 1993년
최초의 구간인 1호선이 개통되었으며, 2020년 현재 총 18개
노선이 개통되어 운영되고 있다. 노선 길이는 총705Km로 중국
최장이자, 세계 최장 길이의 지하철 노선이다.

상하이에서는 2010년 세계박람회 개최를 계기로 전철의 보안 검색이 강화되어 현재에 이르고 있다.
전철을 타기 전에 소지한 배낭과 핸드백 등을 검색대에 통과시키고 필요한 보안검색을 받아야
입구를 통과할 수 있다. 여행객들에겐 불편할 듯하지만 시민들은 협조적인 편이다.

Shanghainese Interview

리얼 상하이 사람의 목소리를 들어봅시다.

Q
A_ 상하이에 여행 와서 놓치면 안될 관광지가 있다면?
B_ 상하이 아가씨는 어떤 매력이 있다고 생각합니까?

A_ 와이탄(外滩), 위위엔(豫园), 루쟈쮀이(陆家嘴), 신텐띠(新天地),
우캉루(武康路, 우캉루) 일대

B_ 아양도 잘 떨고 투정도 잘 부리는 게 매력인 거 같아요.

A_ 와이탄(外滩), 위위엔(豫园), 둥팡밍주(东方明珠), 텐쯔팡(田子坊)

B_ 상하이말을 하는 모습이 매력적이에요.

쇼핑 및 외식 관련 표현을 상하이어로 말해 봅시다. 🎧 46

거지 이장 농 최 로호쾨 거
掰件衣裳侬穿老好看格。
Ghěk jhi yīzhan nón cèu láo hāokeu gek.

이 옷은 당신이 입으니 예뻐요.

여우 두오/쇼오 바
有大号/小号哦?
Yhióe dhúhhao/xiāohhao vak?

큰 사이즈/작은 사이즈 있어요?

거거 웅우 썅 터후.
掰个我想退货。
Ghěkgek ngó xiān tēhu.

이거 환불하려고 해요.

거따 여우 모빙, 칭 됴이지
掰塔有毛病，请调一件。
Ghěkdak yhióe máobhin, qīn dhiáo yik jhi.

이거 문제가 있으니 바꿔주세요.

칭 또 써우닝대 푸 초표
请到收银台付钞票。
Qīn dāo sōenindhae fū càopiao.

수납창구로 가서 돈을 내세요.

여우벅여우 빅 거 잉애썩
有勿有别格颜色？
Yhióe vek yhióe bhǐk gek ngáesek?

다른 색깔 있어요?

농 푸 이찡 애즈 라카
侬付现金还是拉卡？
Nón fū yhíjin hháezhi làka?

현금으로 내세요,
아니면 카드로 내세요?

아라 러라 아리 칙배
阿拉勒辣鞋里吃饭？
Âkla lekla hháli qîkvae?

우리 어디서 먹어요?

아라 칙 싸거 채
阿拉吃啥个菜？
Âkla qîk sā gek cāe?

우리 어떤 음식을 먹어요?

나 여우 싸거 덕썩채
俹有啥个特色菜？
Ná yhióe sā gek dhěksekcae?

당신네는 어떤 특별한 요리가
있어요?

거거 채 로호칙
掰个菜老好吃。
Ghěkgek cāe láo hāoqik.

이 요리는 정말 맛있어요.

거거 채 나넝 칙파
掰个菜哪能吃法？
Ghěkgek cāe nánen qîkfa?

이 요리는 어떻게 먹어요?

144

다양한 음식 및 맛 관련 어휘를 상하이어로 말해봅시다. 🎧 47_ 과일

쓰꾸 **水果** sïgu	과일		디 **甜** dhí	달다	
미됴 **面条** mídhiao	국수		애 **咸** hháe	짜다	
웡덩 **馄饨** hhuéndhen	훈뚠, 완탕		여우 **油** yhióe	기름지다	
초배 **炒饭** cāovae	볶음밥		쐬 **酸** sèu	시다	
초미 **炒面** cāomi	볶음면		웅우 **饿** ngú	배고프다	
미뽀 **面包** míbao	빵		뽀 **饱** bāo	배부르다	

 기타 각종 형용사를 말해봅시다. 🎧 48

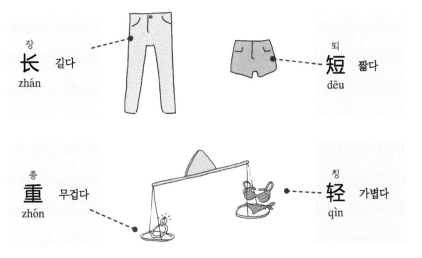

장 **长** zhán 길다

따 **短** dēu 짧다

종 **重** zhón 무겁다

칭 **轻** qìn 가볍다

145

| 학습내용 | 의견 묻기, 시간 말하기, 약속 정하기 |
| | 상하이의 문화예술 |

학습포인트	의문대명사 哪能의 용법
	이중목적어문
	시간 표현

09

아라 밍쪼 익또 치 쾨씨, 나넝

阿拉明朝一道去看戏，哪能？

우리 내일 함께 연극 보러 갈까요?

09

아라 밍쪼 익또 치 쾨씨, 나녕

阿拉明朝一道去看戏，哪能？

🎧 49

아라 밍쪼 익또 치 쾨씨, 러라 다쓰까 쾨 우쟉, 나녕
阿拉明朝一道去看戏，勒拉大世界看沪剧，哪能？
Âkla míngzao yîkdao qī kēuxi, lěkla Dhásiga kēu hhújhiak, nánen?

호 거　　농 표쯔 마 호 러바
好格！侬票子买好勒哦？
Hāo gek! Nón piāozi mā hāo lek vak?

표쯔 이찡 여우 러, 즈 닝까 뻑 응우 거 표쯔
票子已经有勒，是人家拨我格票子。
Piāozi yhíjin yhióe lek, zhí níngak bêk ngó gek piāozi.

다쓰까 더우이탕 치
大世界头一趟去。
Dhásiga dhóe yîktan qī.

꺼머, 아라 밍쪼 우뾔티 응띠 삑 러라 멍커우 빵더우
格末，阿拉明朝下半天五点半勒辣门口碰头。
Gêkmek, âkla míngzao hhóbeunti ńg di bēu lěkla ménkoe bándhoe.

호 거, 샤샤농　　　밍쪼 웨
好格，谢谢侬！明朝会！
Hāo gek, xhiáxhia nón! Míngzao hhue!

● **새로운 어휘** 🎧 50　　　　　　* 단어설명에서 ▨ 는 표준어 단어이다.

□ 明朝 明天 míngzao 밍쪼 내일

□ 一道 一起 yîkdao 익또 함께, 같이

□ 看戏 kēuxi 쾨씨 연극을 관람하다

□ 哪能 怎么样 nánen 나녕 어떠하다

□ 人家 níngak 닝까 다른 사람

□ 拨给 bêk 뻑 ~에게, 주다

□ 票子 票 piāozi 표쯔 표

□ 头一趟 第一次 dhóe yîktan 더우이탕
　 처음(주로 어딘가를 처음 갈 때 사용)

□ 下半天 下午 hhóbeunti 우뾔티
　 오후, 下半日 우뾔닉이라고도 함

□ 点 di 띠 ~시

□ 半 bēu 삑 반

□ 门口 ménkoe 멍커우 입구

□ 碰头 见面 bándhoe 빵더우 만나다

□ 谢谢 xhiáxhia 샤샤 감사하다, 고맙다

□ 大世界 Dhásiga 다쓰까 따스제

□ 沪剧 hhújhiak 우쟉 후쥐, 상하이극

우리 내일 함께 연극 보러 갈까요?

普通话

我们明天一起去看戏，在大世界看沪剧，怎么样？
Wǒmen míngtiān yìqǐ qù kànxì, zài Dàshìjiè kàn Hùjù, zěnmeyàng?

好的！你票买好了吗？
Hǎo de！Nǐ piào mǎi hǎo le ma?

票已经有了，是 别人给我的票。
Piào yǐjīng yǒu le, shì biérén gěi wǒ de piào.

大世界第一次去。
Dàshìjiè dìyīcì qù.

那么，我们明天下午五点半在门口见面。
Nàme, wǒmen míngtiān xiàwǔ wǔ diǎn bàn zài ménkǒu jiànmiàn.

好的，谢谢你！明天见！
Hǎo de, xièxie nǐ！Míngtiān jiàn！

● **본문 해석**

우리 내일 함께 연극 보러 가요, 따스제에서 후쥐 보는 거 어때요?

좋아요! 표는 사놨어요?

표는 이미 있어요, 아는 사람이 저에게 준 표예요.

따스제는 처음 가봐요.

그럼, 우리 내일 오후 5시 반에 입구에서 만나요.

좋아요, 고마워요! 내일 만나요!

구문 설명

1 의문대명사 '哪能 나넝'의 용법

'哪能 나넝'은 표준어의 '怎么样'에 해당하는 의문사로 '어떠하다'의 의미를 나타낸다.
단독으로 사용하여 상대의 의견이나 의향을 묻는 의미를 나타낼 수 있다.

찡쪼 거 이쳑 나넝
* 今朝格演出哪能?　　　오늘 공연 어땠어요?
  Jìnzao gek yhícek nánen?

　　　　　　　　　　　　　　　　　　　　* 演出　yhícek 연출, 공연

아라 익또 치, 나넝
* 阿拉一道去，哪能?　　우리 함께 갈까, 어때요?
  Âkla yîkdao qī, nánen?

2 이중목적어문

'拨빽'는 표준어의 '给'에 해당하는 동사로 '주다'라는 의미를 나타낸다. 일반적으로
간접목적어와 직접목적어를 수반한다.

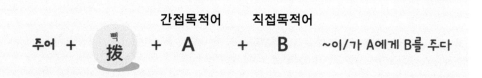

칭 빽 응우 이뻬 쓰
* 请拨我一杯水。　　　　저에게 물 한 컵 주세요.
  Qìn bêk ngó yîk be sī.

　　　　　　　　　　　　　　　　　　　　* 杯　be 컵(양사)
　　　　　　　　　　　　　　　　　　　　* 水　sī 물

응우 빽 농 거 거
* 我拨侬孲个。　　　　　제가 당신에게 이것을 줄게요.
  Ngó bêk nón ghěkgek.

그밖에 이중목적어문을 구성하는 동사로는 '教 gāo 꼬 , 问 mén 멍 , 送 sōn 쏭' 등이 있다.

용우 꼬 이 상해애우
· 我教伊上海闲话。 　　나는 그에게 상하이어를 가르쳐요.
Ngó gāo yhí Zhánghaehhaehho.

이 쏭 용우 머즈
· 伊送我物事。 　　그는 나에게 선물을 줘요.
Yhí sōn ngó měkzhi.

3 시간 표현

시간을 표현할 때 '~시'는 '~点钟 dīzon, 띠쫑'으로 표현하며 '钟'은 생략할 수 있다. '~시
~분'은 '~点 dī, 띠 ~分 fen, 펀'으로 표현한다.

찌 띠쫑
· 几点钟? 　　몇 시에요?
Jī dizon?

익 띠쫑
· 一点钟。 　　1시에요.
Yîk dizon

시간을 말할때
钟'은 생략할 수 있어.

찌 띠 찌 펀
· 几点几分? 　　몇 시 몇 분이에요?
Jī di jī fen?

량 띠 니애 펀
· 两点廿分。 　　2시 20분이에요.
Lián di niáe fen.

'15분'은 一刻(yîkkek, 익커),
30분은 半(bēu, 뾔),
'45분'은 三刻(sàekek, 세커)로 표현하기도 해.

151

이 뻭 응우
伊拨我　　　～　　。
Yhí bêk ngó

그는 나에게 ~을 줘요

익뻬 쓰
一杯水
yîk be sī

그는 나에게 물을 한 컵 줘요.

이지 이장
一件衣裳
yîk jhi yīzhan

그는 나에게 옷을 한 벌 줘요.

아라 밍쬬　　　　러라 멍커우 빵더우
阿拉明朝　～　勒辣门口碰头。
Âkla míngzao　　lěkla ménkoe bándhoe.

우리 내일 ~(시간)에
입구에서 만나요

우삐티 록띠 뾔
下半天六点半
hhóbeunti lǒk di bēu

우리 내일 오후 6시 반에 입구에서 만나요.

장뾔티 적띠 뾔
上半天十点半
zhánbeunti zhěk di bēu

우리 내일 오전 10시 반에 입구에서 만나요.

· 上半天　zhánbeunti　오전

★ **Shanghai Quotes**

"《2046》是我对上海人在香港故事的一个终结，以后不会拍这样的题材了，但对孤岛时期的上海故事很有兴趣。" – 王家卫

"《2046》은 나의 홍콩에 거주하는 상하이인들에 관한 이야기의 종착점이다. 앞으로는 이러한 소재로 영화를 찍지 않을 것이다. 하지만 '외로운 섬' 시기의 상하이(1937년 11월 일본군의 상하이 점령으로부터 1941년 12월 진주만 침공 이후 일본군에 의한 상하이 외국인 조계 완전 점령까지의 영국 프랑스 등 조계지의 상하이) 이야기에는 큰 흥미를 느끼고 있다." – 왕쟈웨이

왕쟈웨이(王家卫, 왕까웨)는 흔히 홍콩의 영화감독으로 알려져 있지만, 그는 상하이에서 태어나 상하이어를 사용하며 상하이에서 유아시기를 보내고 홍콩으로 건너가 성장하였다. 그의 영화에는 낯선 환경 속에서 부유하는 이들에 대한 이야기들이 많이 나오는데, 이는 홍콩의 상하이 하류문화와 많은 관련을 가진다. 《아비정전》, 《화양연화》, 《2046》은 상하이 정서를 지닌 그의 영화 삼부작이라고 할 수 있다.

★ **About Shanghai**

상하이의 전통문화로 소개할만한 것으로 '후쥐(沪剧, 우쥐)'가 있다. 후쥐는 중국 전통극 중 하나로 상하이에서 만들어져 인근 강소성과 절강성으로 퍼져나갔다. 사용된 노래의 곡조가 아름답고 강남지방의 지역 색채를 잘 드러내 준다. 후쥐 외에도 절강성에서 만들어진 '위에쥐(越剧, 위에쥐)'과 강소성에서 만들어진 '쿤취(昆曲, 쿤취엑)' 역시 상하이 사람들이 좋아하는 전통극이다.

 # 상하이 콘서트홀

잘 알려진 전통 후쥐로는 1920년대에 만들어진 《이혼의 억울함(离婚怨)》, 1930년대에 창작된 《황혜여와 육근영(黄慧如与陆根英)》 등이 있다. 1941년 상하이후쥐사(上海沪剧社)가 설립되면서 기존 선취(申曲, 썽취엑)로도 불리던 것을 후쥐라는 이름으로 통일시켰다.

1940년대에는 여러 편의 후쥐가 당시 인기를 얻고 있던 대중문화 형식인 영화로도 만들어졌고, 역으로 미국 영화 《워털루 브릿지(애수)》가 후쥐로 만들어져 공연되기도 했다. 중화인민공화국 성립 이후 현재까지도 후쥐는 지속적으로 개작, 창작, 공연되고 있다.

위에쥐는 베이징에서 발달한 징쥐(京剧, 찡쥐)와 더불어 중국의 양대 전통 무대예술이다. 1920년대 창작된 《양산박과 축영대(梁山伯与祝英台)》, 《벽옥잠(碧玉簪)》 등 신문화운동 영향으로 남녀평등 사상이 반영된 작품들은 당시 민중들의 폭발적인 인기를 얻었다. 1953년 영화로도 만들어진 《양산박과 축영대》는 '동방의 로미오와 줄리엣'으로 국제적인 명성도 얻었다. 전통 문학작품인 《홍루몽(红楼梦)》과 《서상기(西厢记)》도 위에쥐로 자주 만들어지는 소재이다.

쿤쥐는 노래를 위주로 한 무대극이고, 후쥐나 위에쥐보다 더 오랜 역사를 지니고 있다. 쿤쥐는 2001년 중국에서 처음으로, 그리고 세계 19개 나라 다른 예술 형식들과 함께 유엔이 '인류 구술과 비물질유산 대표작'으로 선정한 첫 그룹에 들어갔다. 중국의 전통 문학작품을 소재로 한 《모란정(牡丹亭)》과 《도화선(桃花扇)》은 쿤쥐로 만들어진 대표적인 작품들이다.

상하이를 배경으로 한 문학작품으로는 어떤 것들이 있을까?

상하이 창안구에 있는 창더 아파트.
장아이링은 1940년대 이곳에
거주하면서 소설을 썼다

☐ 자야(子夜) / 마오둔 장편소설 1930년대 상하이 어느 민족자본가를 중심 캐릭터로 당시 중국 사회의 각종 모순과 투쟁을 그렸다.

☐ 반생연(半生缘) / 장아이링(张爱玲, 짱애링) 장편소설 1930년대 상하이를 배경으로 한 사랑지만 헤어질 수밖에 없었던 두 남녀의 애절한 사랑이야기. 우첸롄을 주연으로 영화로도 만들어졌다.

☐ 장한가(长恨歌) / 왕안이(王安忆, 왕우의니) 장편소설 상하이 한 여성의 40년에 걸친 사랑을 중심으로 한 인생사가 1940년대에서 80년대까지의 중국의 굴곡진 현대사와 맞물리며 그려졌다.

☐ 소시대(小时代) / 궈징밍의 장편소설 경제가 급속하게 발전하고 있는 현대 상하이를 배경으로 네 명의 젊은 여성의 우정과 사랑 이야기를 다뤘다.

상하이를 배경으로 많은 영화들이 만들어졌는데 그 중 몇 편만 열거하면 다음과 같다.

《싼마오 유랑기 三毛流浪记 (1949)》, 《상하이탄 上海滩(1980)》, 《롼링위 阮玲玉(1991)》, 《해상화 海上花(1998)》, 《수쥬 苏州河(2000)》, 《쿵푸 功夫(2004)》, 《색,계 色,戒(2007)》

★ 대표 영화

영화 《수쥬(苏州河)》(2000)는 현대 상하이 젊은이들의 일과 사랑을 그린 대표적인 영화이다. 중국의 제6세대 감독 중 하나인 러우예(娄烨, 러우예)가 연출을 했고 중국 강남 여성의 매력을 지닌 여배우 저우쉰(周迅, 쩌우쉰)이 주연을 맡았다. 제29회 로테르담 국제영화제 황금표범상을 수상했다. 우리나라에서는 2001년 2월에 개봉했다.

영화 《수쥬》의 배경 쑤저우하

Shanghainese Interview

리얼 상하이 사람의 목소리를 들어봅시다.

A_ 외국인 친구에게 상하이 배경의 문학작품을 추천한다면?

B_ 상하이의 문화예술을 느끼고 싶은 사람에게 어디를 추천하고 싶으세요?

A_ 《장한가(长恨歌)》/ 왕안이

B_ 미술관이나 전시관이요.

A_ 《번화(繁花)》/ 진위청(金宇澄)의 장편 소설

B_ 각종 예술단지(创意园区)를 추천해요.

학습내용

| 취업에 대해 말하기, 축하하기
| 상하이의 기업 문화 및 대표 기업

학습포인트

| 부사 '勒'의 용법
| 조동사 '应该'의 용법
| 부사 '刚刚'의 용법
| 동작량을 나타내는 '一歇'

10

장위 뻑 쾨또 눙, 러 망애 싸

长远勿看到侬，勒忙眼啥？

오랜만이에요, 무슨 일로 바쁘세요?

10

장위 뻑 쾨또 농, 러 망애 싸

长远勿看到侬，勒忙眼啥？

🎧 52

웨, 농 호　　　　장위 뻑 쾨또 농, 러 망애 싸
喂，侬好！长远勿看到侬，勒忙眼啥？
Wē, nón hāo！Zhányhuéu běk kēudao nón, lek mán ngae sā?

농 호　　　　용우 깡깡 쉰작 이펀 꽁쪽, 쑤이 로 망 거
侬好！我刚刚寻着一份工作，所以老忙格。
Nón hāo！Ngó gàngan xhúnzhak yîk fen gònzok, sūyhi láo mán gek.

꽁씨꽁씨　　　　농 잉깨 쉰 전꽝 칭카
恭喜恭喜！侬应该寻辰光请客！
Gōnxi gōnxi！Nón yìngae xhún zhénguan qīnkak！

음머 웡디　　　　용우 꾸터 이씩 따 농 땅 디우
呒没问题。我过忒一歇搭侬打电话。
Ḿmek hhuéndhi. Ngó gūtek yîkxik dâk nón dān dhíhho.

쏘떠러
晓得勒。
Xiāodek lek.

호 거, 용우 요 캐웨 치러
好格，我要开会去勒。
Hāo gek, ngó yāo kàehhue qī lek.

 새로운 어휘 🎧 53

* 단어설명에서 ▨ 는 표준어 단어이다.

□ 喂 wē 웨 여보세요	□ 忙 mán 망 바쁘다
□ 长远 好久 zhányhuéu 장위 오랜만에, 오랫동안	□ 恭喜 gōnxi 꽁씨 축하하다
□ 看到 kēudao 쾨또 만나다	□ 应该 yìngae 잉깨 응당~해야 한다
□ 勒在 lek 러 (현재진행)~하고 있다	□ 过忒 过去 / 过了 gūtek 꾸터 지나다
□ 刚刚 gàngan 깡깡 막, 방금	□ 一歇 一会儿 yîkxik 이씩 잠시, 잠깐
□ 寻着 找到 xhúnzhak 쉰작 찾았다	□ 打电话 dān dhíhho 땅 디우 전화 걸다
□ 份 fen 펀 몫, 세트(양사)	□ 开会 kàehhue 캐웨 회의하다
□ 所以 sūyhi 쑤이 그래서	□ 晓得 知道 xiāodek 쏘떠 알다

오랜만이에요, 무슨 일로 바쁘세요?

普通话

喂，你好！好久不见，在忙什么？
Wéi, nǐ hǎo! Hǎojiǔ bújiàn, zài máng shénme?

你好！我刚找到一份工作，所以很忙。
Nǐ hǎo! Wǒ gāng zhǎodao yífèn gōngzuò, suǒyǐ hěn máng.

恭喜恭喜！你应该找时间请客！
Gōngxǐ gōngxǐ! Nǐ yīnggāi zhǎo shíjiān qǐngkè!

没问题。我过一会儿跟你打电话。
Měi wèntí. Wǒ guò yíhuìr zài gēn nǐ dǎ diànhuà.

知道了。
Zhīdao le.

好的，我该开会去了。
Hǎo de, wǒ gāi kāihuì qù le!

● **본문 해석**

여보세요, 안녕하세요. 오랜만이에요, 무슨 일로 바쁘세요?

안녕하세요. 막 직장을 구했어요, 그래서 많이 바빠요.

축하해요! 시간 내서 밥 사셔야죠!

물론이에요. 제가 조금 이따가 당신한테 전화 걸게요.

알겠어요.

좋아요, 회의 가야겠네요.

구문 설명

1 부사 '勒 러'의 용법

'勒 러'는 표준어 '在'와 마찬가지로 동사, 개사 외에도 부사의 기능이 있어 동사 앞에서
현재진행 '~하고 있다'을 나타낸다.

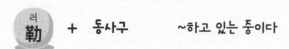

러
勒 + 동사구   ~하고 있는 중이다

농 러 쾨 싸
- 侬勒看啥?   당신은 무엇을 보고 있어요?
  Nón lek kēu sā?

응우 러 쾨 디잉
- 我勒看电影。   나는 영화를 보고 있어요.
  Ngó lek kēu dhíyin.

                                                             • 电影 dhíyin   영화

2 조동사 '应该 잉깨'의 용법

'应该 잉깨'는 표준어와 마찬가지로 조동사로 동사 앞에 와서 '응당~해야 한다'와 같이
당위의 의미를 나타낸다. 부정형은 '勿应该 버잉깨'이다.

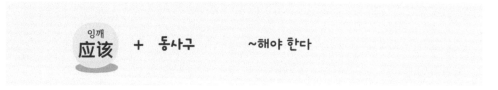

잉깨
应该 + 동사구   ~해야 한다

아라 잉깨 최꾸외 싸디팡
- 阿拉应该参观啥地方?   우리는 어디를 참관해야 합니까?
  Âkla yìngae cèugueu sā dhifan?
                                                   • 参观 cèugueu   참관하다

농 버잉깨 칙 쩌우
- 侬勿应该吃酒。   당신은 술을 마시면 안됩니다.
  Nón věk yìngae qîk jiōe.
                                                  • 吃酒 qîk jiōe   술을 마시다

3 부사 '刚刚 깡깡'의 용법

'刚刚 깡깡'은 표준어와 마찬가지로 동사 앞에 와서 '막, 방금'을 의미한다. 일반적으로 어기나 동태를 나타내는 조사 '勒 러'와는 함께 쓰지 못한다.

응우 깡깡 칙 쫑배
- 我刚刚吃中饭。 나는 방금 점심을 먹기시작했어요.
  Ngó gàngan qîk zònvae.

응우 깡깡 칙꾸 쫑배
- 我刚刚吃过中饭。 나는 방금 점심을 먹었어요.
  Ngó gàngan qîk gu zònvae.

· 中饭 zònvae 점심, 중식

거거 즈 응우 깡깡 마 거
- 搿个是我刚刚买格。 이것은 제가 방금 전에 산 거예요.
  Ghěkgek zhí ngǒ gàngan má gek.

4 동작량을 나타내는 '一歇 이씩'

'一歇 이씩'은 표준어의 '一下' 또는 '一会儿'에 해당하며 '잠깐, 잠시'의 의미로 동사 뒤에 와서 짧은 시간의 동작량을 나타낸다. '一歇 이씩'는 '一些'로 표기하기도 한다.

동사 + 一歇(이씩) 잠깐/잠시 ~하다

아라 써우식 이씩
- 阿拉休息一歇。 우리 잠깐 쉬어요.
  Âkla xiòexik yîkxik.

농 주 이씩
- 侬坐一歇。 잠깐 앉으세요.
  Nón zhú yîkxik.

· 坐 zhú 앉다

웅우 깡깡 / 쑤이 로 / 거

我刚刚 ~ , 所以老 ~ 格。
Ngó gàngan　　sūyhi láo　　gek.

나는 이제 막 ~ 해서 아주 ~해요

캐쓰 코
开始考
kàesi kāo

찡짱
紧张
jínzan

나는 이제 시험이 시작되어서 아주 바빠요.

코호
考好
kāo hao

칭쑹
轻松
qìnson

나는 이제 막 시험이 끝나서 아주 홀가분해요.

- 考　kāo　시험보다
- 开始　kàesi　시작하다
- 紧张　jínzan　긴장하다
- 轻松　qìnson　홀가분하다

웅우 꾸터 이씩 ~

我过忒一歇 ~ 。
Ngó gūtek yîkxik

좀 이따가 ~ 할게요

리시
联系
líxhi

좀 이따가 연락할게요.

땅 디우
打电话
dān dhíhho

좀 이따가 전화할게요.

- 联系　líxhi　연락하다

162

★ **Shanghai Quotes**

"上海在人才、技术和管理方面都有明显的优势，辐射面宽。" – 邓小平

"상하이는 인재, 기술, 관리 등 모든 영역에서 뚜렷한 우세를 지니고 있고, 타 지역에 미치는 영향력이
매우 강합니다." – 덩샤오핑

중국 개혁개방을 지휘했던 덩샤오핑(邓小平, 덩쇼핑)은 1992년 남방을 순시할 때 위와 같이
발언했다. 이미 1990년 푸동의 경제적 가치를 인식해 푸동 개발을 시작하였고 이후 중국의
경제발전에서 상하이가 지니고 있는 중요성을 수 차례 강조하였다.

★ **About Shanghai**

1978년 개혁개방을 시작한 중국은 1979년 광둥성의
선전(深圳, 썽쩡), 주하이(珠海, 쯔해), 산터우(汕头,
쉐더우), 샤먼(厦门, 우먼)을 경제특구로 지정하여 개발을
시작하였다. 하지만 개혁개방을 진두지휘하던 덩샤오핑은
경제 중심지 상하이를 경제특구로 지정하지 못한 것에 늘
아쉬움을 토로하였으며, 1992년 남순강화 때 마지막으로
들른 곳도 상하이였다.

사진출처: http://www.sohu.co
m/a/238022616_100170731

그는 상하이의 지리적 입지를 '선전은 홍콩, 주하이는 마카오, 샤먼은 대만을 마주하고 있는데,
상하이 푸동은 세계를 마주하고 있다'라고 설명하였다. 이후 푸동을 중심으로 상하이 경제 개발을
시작하면서, 상하이가 경제의 메카로 기업이 크게 발전하게 되었다. 상하이의 난푸(南浦, 뇌푸)대교
개통 때 덩샤오핑은 친필 휘호를 썼는데, '南浦大桥'의 '浦'자 점을 아래 찍어 개발이 늦어서
미안함을 표현한 일화는 유명하다.

상하이는 세계무역의 중심지 중 하나이다. 중국 창강삼각주 지역의 도시들은 상하이를 발판 삼아
대외무역을 하고 있다. 이 지역의 기업들은 주로 상하이의 금융시장에서 기업 자금을 얻고 있다.

창강삼각주 지역의 도시들은 중국 정부가 추진하고 있는 '일대일로'와 창강을 중심으로 한 경제발전 벨트가 합류하는 중요한 지역이고, 중국 경제발전을 이끌어 가는 중심지이다. 그 한복판에 상하이가 있다. 창강삼각주 지역인 상하이, 쑤저우, 항저우(杭州, 앙쩌우), 우시(无锡, 우식) 등의 도시 GDP는 모두 전국 10위 안에 들고, 전국 경제 100대 현(縣)이 집중되어 있을 뿐만 아니라, 세계 500대 기업 중 450여 개 기업이 상하이에 진출해 있고, 이 중에서 150여 개가 푸동에 자리잡고 있다. 상하이가 다국적기업의 지역본부로 부각되면서 경제의 산실이자 명실상부한 국제도시로서의 지위를 공고히 하고 있다.[*]

우뚝 솟은 상하이 푸동 루자쮀이의 마천루들. 오른쪽부터 상하이중심빌딩, 진마오빌딩, 세계금융센터

상하이 사람들은 중국 여타 지역에 비해 확실한 자기만의 색깔을 가지고 있기 때문에 상하이 사람들의 비즈니스 특징을 잘 이해할 필요가 있다. 상하이 사람은 비즈니스 목적이 매우 분명하고 경제적인 이익을 중시하며, 매우 꼼꼼하고 문서화하는 것을 중시하기 때문에, 상하이 사람들은 비즈니스에 있어 일처리가 깔끔하지만 한편으로는 무척 까다롭다는 얘기를 듣는다. 베이징 등 북방 사람들은 비즈니스를 할 때 인정관계(人情關係), 지위차별, 체면 등을 중시하지만, 상하이 사람들은 돈벌이가 된다면 서로 모르는 사람끼리도 쉽게 일을 도모하는 편이다. 특히 상하이 사람들은 국제적인 감각이 뛰어나고, 두뇌회전이 빠르며, 실용성을 중시한다. 상하이는 구매 패턴이 서구화되어 있고 최상급 제품이 잘 팔리는 시장으로, 브랜드 선호도가 높기 때문에 처음 진출하는 기업에게는 무척 까다롭지만, 성공적으로 안착한 후에는 타지역으로 시장을 넓히기가 용이하다. 상하이에서 잘 팔리는 제품이라고 하면 내륙지역에서 믿고 사는 경향이 크기 때문이다.[**]

상하이의 택시. 상하이의 거리에서 가장 흔하게 볼 수 있는 택시는 중국과 독일 폭스바겐의 합자 기업이 만들어내는 차량들이다.

상하이를 기반으로 한 기업들 중 주요한 것들을 나열해 보면 다음과 같다.

- □ 상하이자동차그룹(上海汽车集团股份有限公司)
- □ 교통은행(交通银行)
- □ 중국바오우강철그룹(中国宝武钢铁集团有限公司)
- □ 중국태평양보험그룹(中国太平洋保险集团股份有限公司)
- □ 상하이푸동발전은행(上海浦东发展银行)

* 김윤희, 《상하이-놀라운 번영을 이끄는 중국의 심장》 p.75-76, 살림출판사 2008

** 중국 상하이 KOTRA 동영상 국가정보 - 네이버 지식백과 참고

★ 상하이제일백화점
(上海第一百货商店, 상해디익벽후쌍띠)

신중국 건설 후 첫 국영백화점이다. 원래는 대신공사(大新公司) 라는 이름으로 1936년부터 영업을 시작하였고, 당시 동아시아 에서 가장 큰 백화점이었다. 난징루에 위치한 이 건물은 설립 당시 아름다운 외관으로 국제적 명성을 얻은 바 있다. 현재는 상하이바이롄(上海百联) 그룹 소속이다.

상하이제일백화점

Shanghainese Interview

리얼 상하이 사람의 목소리를 들어봅시다.

A_ 평소 시간 날 때 무엇을 하세요? (즐겨하는 여가활동)

B_ 외국인 친구에게 추천하고 싶은 상하이와 관련된 드라마나 영화가 있다면?

A_ 영화를 보거나 차를 마셔요.

B_ 《얼채(孽债)》(1994, 드라마), 《창업시대(创业时代)》(2017, 드라마)

A_ 주로 영화를 봐요.

B_ 《상해탄(上海滩)》(1980, 드라마)

| 학습내용 | | 길 묻고 안내하기, 방향 말하기 |
| | | 상하이 속의 한국 |

학습포인트		'방향을 나타내는 표현
		'到'의 용법
		의문대명사 '为啥'의 용법
		'因为'의 용법

| 표현&단어up | | 교통 및 길묻기 & 다양한 관용 표현 |

11

무배 농, 또 옹커우꽁위 나녕 쩌우

麻烦侬，到虹口公园哪能走？

실례지만 훙커우 공원까지 어떻게 가요?

11

무배 농, 또 옹커우꽁위 나넝 쩌우

麻烦侬，到虹口公园哪能走？

쇼쨔, 무배농, 또 옹커우꽁위 나넝 쩌우

小姐，麻烦侬，到虹口公园哪能走？

Xiāojia, móvae nón, dāo Hhónkoe gònyhueu nánen zōe?

농 깡 루쒼꽁위　　　　　러 시더우 적즈루커우 쑈쬐왜 쩌우또러

侬讲鲁迅公园？勒前头十字路口小转弯就到勒。

Nón gān Lú Xūn gònyhueu? Lěk xhídhoe zhěkzhi lúkoe xiāozeuwae jhióe dāo lek.

샤샤농

谢谢侬！

Xhiāxhia nón！

씨쌍, 농 즈 외꼬닝 바　　　　외꼬닝 웨싸 훼씨 치 루쒼꽁위

先生, 侬是韩国人哦？韩国人为啥欢喜去鲁迅公园？

Xìsan, nón zhí Hhéugoknín vak? Hhéugoknín hhuésa huèxi qī Lú Xūn gònyhueu?

잉웨 루쒼꽁위 리쌍 여우 외꼬닝어 찌니꾸의

因为鲁迅公园里向有韩国人格纪念馆。

Yìnhhue Lú Xūn gònyhueu líxian yhióe Hhéugoknín gek jīnigueu.

응우 쑈떠러　　　　농 깡 어 즈 잉봉지 릭즈, 떼바

我晓得勒。侬讲格是尹奉吉烈士，对哦？

Ngó xiāodek lek. Nón gān gek zhí Yhīnvonjhik likzhi, dē vak?

 새로운 어휘 　 56 　 * 단어설명에서 　 는 표준어 단어이다.

- 小姐 xiāojia 쇼쨔 아가씨, 양, 젊은 여성에 대한 호칭
- 麻烦 móvae 무배 번거롭다, 귀찮다
- 到 dāo 또 ~에 도착하다
- 走 zōe 쩌우 가다
- 讲 说 gān 깡 말하다
- 前头 前面 xhídhoe 시더우 앞쪽
- 十字路口 zhěkzhi lúkoe 저즈루커우 사거리
- 小转弯 右转弯 xiāozeuwae 쑈쬐왜 우회전, '右手转弯(여우쬐왜)' 이라고도 함. 大转弯(두쮀왜)은 '좌회전'
- 先生 xìsan 씨쌍 선생, 씨, 성인 남자의 존칭
- 为啥 为什么 hhuésa 웨싸 왜, 어째서
- 因为 yìnhhue 잉웨 왜냐하면
- 里向 里(面) líxian 리쌍 안, 가운데
- 纪念馆 jīnigueu 찌니꾸의 기념관
- 对 dē 떼 맞다
- 虹口公园 Hhónkoe gònyhueu 옹커우꽁위 홍커우 공원
- 鲁迅公园 Lú Xūn gònyhueu 루쒼꽁위 루쉰 공원
- 韩国人 Hhéugoknín 외꼬닝 한국인
- 尹奉吉烈士 Yhīnvonjhik likzhi 잉봉지 릭즈 윤봉길 의사

실례지만 훙커우 공원까지 어떻게 가요?

小姐，麻烦你！到虹口公园怎么走？

Xiǎojie, máfan nǐ！Dào Hóngkǒu gōngyuán zěnme zǒu?

你说鲁迅公园？在前面十字路口右转弯就到了。

Nǐ shuō Lǔxùn gōngyuán? Zài qiánmian shízìlùkǒu yòuzhuǎnwān jiù dàole.

谢谢你！

Xièxie nǐ！

先生,你是韩国人吗？韩国人为什么喜欢去鲁迅公园？

Xiānsheng, nǐ shì Hánguórén ma? Hánguórén wèishénme xǐhuan qù Lǔxùn gōngyuán?

因为鲁迅公园里有韩国人的纪念馆。

Yīnwèi Lǔxùn gōngyuánli yǒu Hánguórénde jìniànguǎn.

我知道了。你说的是尹奉吉烈士，对吗？

Wǒ zhīdaole. Nǐ shuōde shì Yǐnfèngjí lièshì, duìma?

● 본문 해석

아가씨, 실례지만 훙커우 공원까지 어떻게 가요?

루쉰 공원 말씀하시는거죠? 앞에 사거리에서 우회전하면 도착해요.

고마워요!

저기요, 한국사람이세요? 한국사람은 왜 루쉰 공원을 좋아하죠?

왜냐면 루쉰 공원 안에 한국인의 기념관이 있어요.

알아요. 말씀하신 분이 윤봉길 의사, 맞지요?

구문 설명

1 방향을 나타내는 표현

방향을 나타낼 때 표준어에서는 보통 접미사 '~面'이나 '~边'을 써서 표현하지만, 상하이어에서는 접미사 '~头 _{더우}'를 써서 표현하는 경우가 많다.

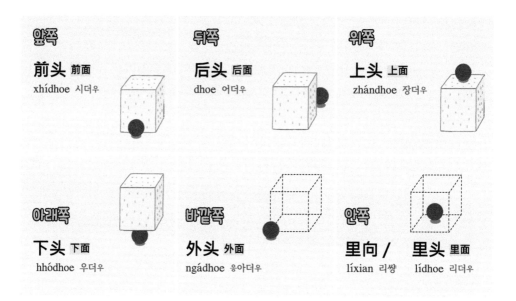

앞쪽
前头 前面
xhídhoe 시더우

뒤쪽
后头 后面
dhoe 어더우

위쪽
上头 上面
zhándhoe 장더우

아래쪽
下头 下面
hhódhoe 우더우

바깥쪽
外头 外面
ngádhoe 응아더우

안쪽
里向 / 里头 里面
líxian 리쌍   lídhoe 리더우

2 '到 _또'의 용법

'到 _또'는 표준어와 마찬가지로 동사, 개사 등 여러 가지 품사 기능을 한다.

동사	'~에 도착하다'는 의미
개사	장소 및 시간 표현을 수반하여 '~까지, ~에'의 의미
결과보어	동사 뒤에서 결과보어로 쓰여 어떤 목적을 달성함을 의미

아라 또러
· 阿拉到勒。　　　　　우리 도착했어요.
Âkla dāo lek.

또 보때다오 나넝 쩌우
· 到复旦大学哪能走?　　푸단대학까지 어떻게 가요?
Dāo Vŏkdaedhahhok nánen zōe?

웅우 마또 추퍄러

- 我买到车票勒。 나는 차표를 구했어요.
  Ngó má dao còpiao lek.

③ 의문대명사 '为啥 웨싸'의 용법

'为啥 웨싸'는 표준어의 '为什么'에 해당하며, 단독으로 사용하여 이유를 묻는 '왜, 어째서'를 나타낸다. 주로 술어 앞에 사용하지만 문미에 사용할 수도 있다.

농 웨싸 버치

- 侬为啥勿去? 당신은 어째서 안가요?
  Nón hhuésa vĕk qī?

농 웨싸 훼씨 상해

- 侬为啥欢喜上海? 당신은 왜 상하이를 좋아해요?
  Nón hhuésa huèxi Zhánhae?

농 족닉 음머 래, 웨싸

- 侬昨日呒没来，为啥? 당신은 어제 안 왔더군요, 왜 그랬어요?
  Nón zhŏknik mʹmek láe, hhuésa?

· 昨日 zhŏknik 어제

④ '因为 잉웨'의 용법

'因为 잉웨'는 표준어와 마찬가지로 원인을 설명하는 '왜냐하면'의 의미이며, '因为 원인, 所以 결과'의 구조로 많이 쓰인다.

잉웨 웅우 로 망

- 因为我老忙。 왜냐면 너무 바빠서요.
  Yìnhhue ngó láo mán.

잉웨 웅우 로 망, 쑤이 버치

- 因为我老忙，所以勿去。 너무 바빠서 안 갔어요.
  Yìnhhue ngó láo mán, sūyhi vĕk qī.

무배 농,　　또　　　나녕 쩌우
麻烦侬，到　～　哪能走？
Móvae nón,　dāo　　　nánen zōe

실례지만 ~어떻게 가요?

외꼬린즈쩡푸이쯔
韩国临时政府遗址
Hhéugok līnzhizenfu yhizi

실례지만 대한민국 임시정부 유적지
어떻게 가요?

옹아태
外滩
Ngátae

실례지만 와이탄은 어떻게 가요?

· 韩国临时政府遗址 Hhéugok līnzhizenfu yhizi　대한민국 임시정부 유적지

러 시더우 적즈루커우　　　　　　　저우또러
勒前头十字路口　～　就到勒。
Lěk xhídhoe zhěkzhi lúkoe　　jhíóe dāo lek.

앞쪽 사거리에서 ~ 하면 도착해요

두쫴왜
大转弯
dhùzeuwae

앞쪽 사거리에서 좌회전하면 도착해요.

꾸 무루
过马路
gū mólu

앞쪽 사거리에서 길을 건너면 도착해요.

· 大转弯　dhùzeuwae　　좌회전
· 过马路　gū mólu　　길을 건너다

172

★ **Shanghai Quotes**

"中国百万大军都没能做到事, 结果却由一名朝鲜青年完成了, 真令人感动." - 蒋介石

"중국의 백만 대군이 하지 못했던 일을 한 명의 조선 청년이 해냈으니 정말 감동적이다." - 쟝제스

1932년 상하이 홍커우 공원에서의 윤봉길의 의거는 당시 조선인들 뿐만 아니라 중국인들에게도 많은 감동을 주었다. 의거 직후 중국의 쟝제스 총통도 크게 감명을 받았다고 한다.

★ **About Shanghai**

상하이의 마땅루(马当路, 무땅루)에는 대한민국 임시정부 청사가 있다. 일제가 한반도를 강제로 점령한 후 우리의 항일인사들은 1919년 상하이에 대한민국 임시정부를 구성했는데 마당로에 그 청사가 수리 보존되어 있다. 1992년 중국과 한국의 외교관계 수립 이후 우리나라의 전임 대통령들을 비롯하여 많은 한국인들이 이곳을 방문하였다.

상하이 대한민국 임시정부 유적지 입구

루쉰 공원 안에 자리잡은 윤봉길의사기념관

당시 우리의 민족지도자들은 독립운동을 추진할 임시정부 소재지로 왜 상하이를 선택했을까? 아마 지리적으로 한반도와 가깝고 세계 각국의 공사관들이 위치하고 있어 외교활동을 펼치기에 유리한 조건을 지녔기 때문일 것이다.

상하이의 홍커우 구에는 루쉰 공원이 있다. 원래 이름은 홍커우 공원이었는데, 상하이와 인연이 깊은 중국 대문호 루쉰을 기념하기 위해 1988년에 이름이 바뀌었다. 1932년 4월 29일 이곳에서 윤봉길 의사가 폭탄을 터뜨려 당시 승전기념식을 거행하고 있던 다수의 일본군 고위장교와

173

간부들이 죽거나 부상을 입었다. 이 의거는 조선인은 물론이고 중국인들에게도 깊은 인상을 주었고 이후 임시정부는 중국으로부터 더욱 적극적인 지원을 받게 되었다. 루쉰 공원 안에는 윤봉길 의사를 기념하는 생애사적전시관이 있다.

번화한 푸동 빌딩숲 사이 쯔퀴루(紫槻路, 쯔페루) 80호에 자그마한 성당이 있다. 진쟈샹(金家巷, 징까앙) 성당이라는 이름의 이곳에서 1845년 8월 김대건 안드레아 신부가 우리나라 최초로 사제서품을 받았다. 원래 푸동 진쟈샹 35호에 위치하고 있었는데, 푸동 개발정책에 따라 2004년 6월 쯔퀴루로 자리를 옮겼다.

상하이와 관련이 있는 우리나라 사람으로 1930-40년대 상하이 영화계를 주름잡던 스타 김염(金焰)을 언급하지 않을 수 없다. 1910년 서울에서 출생한 그는 독립운동가였던 부친을 따라 1912년 중국으로 이주하였다. 1918년 부친이 일본 특무에 의해 독살당한 뒤 김염은 고학을 하며 청소년기를 보낸 후 1927년 상하이로 가서 영화제작회사에 들어갔다. 1929년 《풍류검객(风流剑客)》이라는 영화에서 단역으로 연기생활을 출발한 그는 이후 다수의 영화에 출연하며 당시 상하이 최고의 남자배우로 이름을 날렸다.

★ 상하이 훙첸루(虹泉路, 옹쥐루)

상하이 훙첸루(虹泉路, 옹쥐루)에는 한국 거리가 있다. 이 근처엔 한국인들도 많이 거주하고 한인마트나 한국식당, 한국인들이 주로 이용하는 은행과 카페들도 밀집해 있다. 상하이에 거주하는 한국인들 뿐만 아니라 한국 분위기를 느끼고 싶어하는 중국인들도 이곳을 많이 찾는다. 전철 10호선이 연결되어 있다.

Shanghainese Interview

리얼 상하이 사람의 목소리를 들어봅시다.

A_ 상하이에서 만난 한국사람의 인상은 어땠어요?

B_ 서울에 가본 적이 있으세요? 서울에 대한 인상은 어땠어요?

A_ 옷도 잘 입고 화장도 잘 하는 거 같아요.

B_ 가본 적 있어요. 상하이에 비해서 오래된 도시 같지만, 아주 발달했다는 생각이 들었어요.

A_ 특별한 느낌은 없어요.

B_ 가본 적 있어요. 서울은 아주 편리하다는 생각이 들었구요, 상하이만큼 사람이 많지 않은 것 같았어요.

교통 및 길묻기 관련 표현을 상하이어로 말해 봅시다. 58

아라 나넝 쩌우

阿拉哪能走？

Âkla nánen zōe?

우리 어떻게 가요?

메적꾸에 싸전꽝 캐멍

美术馆啥辰光开门？

Mézhekgueu sā zhénguan kàemen?

미술관은 언제 문을 열어요?

거따 여우 츠쑤 바

掰搭有厕所哦？

Ghěkdak yhíoe cīsu vak?

여기에 화장실이 있어요?

또 뇌찡루 여우 찌 재

到南京路有几站？

Dāo Néujinlu yhíoe jǐ zháe?

난징로까지 몇 정거장이에요?

추표 나넝 마

车票哪能买？

Còpiao nánen má?

차표는 어떻게 사요?

농 또 싸디팡러

侬到啥地方勒？

Nón dāo sā dhífan lek?

어디까지 가세요?

추디 뚜쏘

车钿多少？

Còdhi dùsao?

차비는 얼마에요?

칭멍 또 전밍꽝장 청 싸 추쯔

请问，到人民广场乘啥车子？

Qìnmen, dāo Zhénmin guanzhan cēn sā còzi?

런민광장에 가려면 어떤 차를 타요?

청 디틱 로 비땅어

乘地铁老便当格。

Cēn dhítik láo bhídan gek.

지하철을 타는 게 편리해요.

최꾸 무루, 익적 조 시더우 저우

穿过马路，一直朝前头走。

Cèu gu mólu, yîkzhek zho xhídhoe zōe.

길을 건너서 앞으로 곧장 가세요.

거됴 루 뚜러 직꾼

掰条路堵勒结棍。

Ghěk diao lú dū lek jîkgun.

이 길은 길이 많이 막혀요.

익쥐애우

一句闲话。

Yîk ju hhaehho.

OK. 알았어요.(수락의 응답어)

각종 교통수단을 상하이어로 말해 봅시다.

척쭈추
出租车
cêkzuco

택시

쨕닥추
脚踏车
jiâkdhakco

자전거

피찌
飞机
fìji

비행기

치추
汽车
qīco

자동차

꽁쮸추
公交车
gònjiaoco

버스

후추
火车
hūco

기차

다양한 관용표현을 상하이어로 말해 봅시다.

🎧 60

쩡 료버치
真了勿起   정말 대단하다
zèn liáovekqi

버래쌔
勿来三   안된다
(勿来赛)
věklaesae

칙버쇼
吃勿消   못 참겠다, 못말리다
qīkvekxiao

링버칭
拎勿清   눈치가 없다
línvekqin

땅방
打朋   농담이다
dānbhan

버칭쌍
勿清桑   모르겠다
věkqinsan

가방여우
轧朋有   사귀다, 연애하다
ghâk bhányhioe

팅버똥
听勿懂   못 알아듣겠다
tìn vek don

상하이어의 어휘 목록

어휘 의미설명 뒤의 ❶~⓫은
해당 어휘가 처음 출현한 과를
표기한거야!

어휘 목록

朋友	bhányhioe	친구 ❸
便当	bhídan	편리하다 ⓫
啤酒	bhíjioe	맥주 ❺
便宜	bhíni	값을 깎다, 값이 싸다 ❻
爬山	bósae	등산하다 ❺

A

| 阿爸 | âkba | 아빠 ❷ |
| 阿拉 | âkla | 우리 ❶ |

B

八	bâk	8, 여덟 ❷
百	bâk	백, 100 ❼
碰头	bándhoe	만나다 ❾
饱	bāo	배부르다 ❽
保重	bāozhon	몸조심하다 ❷
杯	bè	컵(양사) ❾
拨	bêk	~에게, 주다 ❾
半	bēu	반, 30분 ❾
半年	bēuni	반년 ❽
白相	bhǎkxian	놀다, 놀러다니다 ❽

C

菜	cāe	요리, 음식 ❺
唱歌	cāngu	노래를 부르다 ❺
钞票	càopiao	돈, 현금 ❽
炒面	cāomi	볶음면 ❽
炒饭	cāovae	볶음밥 ❽
出租车	cêkzuco	택시 ⓫
乘	cēn	(차를) 타다 ⓫
穿	cèu	입다 ❽
参观	cèugueu	참관하다 ❿
车票	còpiao	차표 ⓫

D

| 担心 | dàexin | 걱정하다 ❻ |

打朋	dānbhan	농담이다 ⑪		独生子女	dhǒksanzinü	외동, 외아들, 외동딸 ❸
打电话	dān dhíhho	전화를 걸다 ❿		读书	dhóksi	공부하다 ❺
打折	dānzek	할인하다 ❷		大号	dhùhhao	큰 사이즈 ❽
到	dāo	~에 도착하다 ⑪		大转弯	dhùzeuwae	좌회전 ⑪
对	dē	맞다 ⑪		大闸蟹	dhúzhakha	따쟈셰,솜털이 나있는 민물 게 ❻
对勿起	dēvekqi	미안하다 ❷		调	dhiáo	바꾸다 ❽
德国	Dêkgok	독일 ❷		点	dī	~시(시간 표현할 때) ❾
等	dēn	기다리다 ❽		条	diao	벌(양사) ❼
短	dēu	짧다 ❽		迪斯尼	Díksini	디스니 ❽
大学	dháhhok	대학 ❺		东方明珠	Dònfan mínzi	둥팡밍주 ❹
大学生	dháhhoksan	대학생 ❷		堵	dū	(차가)막히다 ⑪
大世界	Dhásiga	따스제 ❾		多	dù	많이 ❻
特色菜	dhěksekcae	특별한 요리 ❽		多少	dùsao	얼마 ❽
甜	dhí	달다 ❽				
弟弟	dhídhi	남동생 ❸				
地方	dhífan	장소, 곳 ❹				
电脑公司	dhínao gònsi	컴퓨터 회사 ❺		**F**		
地铁站	dhítikzhae	지하철역 ❹		法国	Fâkgok	프랑스 ❷
电影	dhíyin	영화 ❺		份	fen	묶, 세트(양사) ❿
电视	dhízhi	TV ❺		飞机	fiji	비행기 ⑪
头一趟	dhóe yîktan	처음(어딘가를 처음 갈 때) ❾		非洲	Fìzoe	아프리카 ❷
				付	fū	지불하다 ❼

G

加拿大	Gànàdā	캐나다 ❷	
讲	gān	말하다 ❺	
刚刚	gàngan	막, 방금 ❿	
高中	gàozon	고등학교 ❺	
格	gek	~의 ❷ ; 문미어기조사 ❺	
格末	gêkmek	그럼, 그러면 ❺	
个	gêk	개 (양사) ❸	
轧朋有	ghâk bhányhioe	사귀다, 연애하다 ⓫	
掰搭	ghěkdak	여기 ❹	
掰个	ghěkgek	이것 ❹	
掰面	ghěkmi	이곳, 이쪽 ❹	
公交车	gònjiaoco	버스 ⓫	
工作	gònzok	일하다, 근무하다 ❹	
恭喜	gònxi	축하하다 ❿	
故宫	Gùgon	꾸꿍, 고궁 ❽	
哥哥	gùgu	오빠, 형 ❸	
过	gu	~한 적이 있다 ❽	
过马路	gū mólu	길을 건너다 ⓫	
过忒	gūtek	지나다 ❿	

关照	guàezao	보살피다 ❺
广东菜	Guāndongcae	광동요리 ❻

H

好	hāo	좋다, 잘 지내다 ❶
好吃	hāoqik	맛있다 ❽
好看	hāokeu	예쁘다, 보기 좋다 ❼
也	hhá	~도, 역시 ❶
鞋里	hháli	어디 ❹
咸	hháe	짜다 ❽
还好	hháe hāo	그런대로 잘 지내다 ❷
还可以	hháe kūyhi	그런대로 잘 지내다 ❷
还有	hháeyhioe	그리고, 또 ❻
还是	hháezhi	아니면 ❽
号	hháo	일, 호 ❷
号头	hháodhoe	~개월 ❽
韩国	Hhéugok	한국 ❷
韩国临时政府遗址	Hhéugok linzhizenfu yhizi	대한민국 임시정부 유적지 ⓫
韩国人	Hhéugoknin	한국인, 한국 사람 ❸

欢喜	huèuxi	좋아하다 ❺		姐姐	jiājia	언니, 누나 ❸
下半天	hhóbeunti	오후 ❾		姐妹	jiāme	자매 ❸
下头	hhódhoe	아래쪽 ⓫		脚踏车	jiâkdhakco	자전거 ⓫
后头	hhóedhoe	뒤쪽 ⓫		叫	jiāo	(이름을)~라고 부른다❶
学	hhǒk	배우다, 공부하다 ❻		交关	jiàoguae	꽤, 상당히 ❺
学校	hhǒkdhan	학교❹		结棍	jîkgun	매우, 아주 ⓫
虹口公园	Hhónkoe gònyhueu	홍커우 공원 ⓫		景福宫	Jīnfokgon	경복궁 ❽
和平饭店	Hhúbhin vaedi	허핑호텔 ❹		进来	jīnlae	들어오다 ❼
沪剧	hhújhiak	후쥐, 상하이극 ❾		今年	jìnni	올해❷
黄浦区	Hhuánpuqu	황푸구 ❹		今朝	jìnzao	오늘 ❺
为啥	hhuésa	왜, 어째서 ⓫		紧张	jínzan	긴장하다 ❿
馄饨	hhuéndhen	훈뚠, 완탕 ❽		九	jiōe	9, 아홉 ❷
火车	hūco	기차 ⓫		贵	jū	(가격이) 비싸다 ❼

J				K		
件	jhi	옷이나 문건 등을 세는 양사 ❼		咖啡	kāfi	커피 ❻
就是	jhióezhi	바로~이다 ❽		开会	kàehhue	회의하다 ❿
几	jī	몇, 얼마❷		开始	kàesi	시작하다 ❿
几钿	jī dhi	얼마 ❼		开心	kàexin	기쁘다, 반갑다❶
纪念馆	jinigueu	기념관 ⓫		考	kāo	시험보다 ❿
				肯定	kēndhin	분명히 ❺

看	kēu	보다 ❶
看病	kēubhin	진료받다 ❻
看到	kēudao	만나다 ❿
看戏	kēuxi	연극을 관람하다 ❾
裤子	kūzi	바지 ❼
块	kuē	~위안(화폐를 세는 단위) ❼

L

拉卡	làka	카드로 결제하다 ❽
来	láe	오다 ❽
冷	lán	춥다 ❺
老	láo	매우, 아주 ❶
老板	láobae	사장, 상점의 주인 ❺
老师	láosi	선생님, 교사 ❺
勒	lek	어떤 상태가 됨을 나타냄❷; ~하고 있다(현재진행)❿
勒辣	lěkla	~에 있다❹; ~에서 ❺
礼拜	líba	요일 ❷
礼拜一	líbayîk	월요일 ❷
礼拜两	líbalián	화요일 ❷

礼拜三	líbasàe	수요일 ❷
礼拜四	líbasī	목요일 ❷
礼拜五	líbańg	금요일 ❷
礼拜六	líbalǒk	토요일 ❷
礼拜天	líbatì	일요일 ❷
联系	líxhi	연락하다 ❿
里头	lídhoe	안쪽, 가운데 ⓫
里向	líxian	안쪽, 가운데 ⓫
两	lián	둘, 2 ❷
了勿起	liáovekqi	대단하다 ⓫
拎勿清	línvekqin	눈치가 없다 ⓫
六	lǒk	6, 여섯 ❷
六十	lǒksek	60 ❷
落雨	lǒk yhú	비가 오다 ❺
鲁迅公园	Lú Xūn gònyhueu	루쉰 공원 ⓫
旅游	lúyhioe	여행하다 ❺

M

买	má	(물건을) 사다 ❶
卖	mā	팔다 ❼
蛮	màe	꽤, 아주 ❼

忙	mán	바쁘다 ❿
忘记	mánji	잊다 ❻
毛病	máobhin	문제가 있다 ❽
美国	Mégok	미국 ❷
美术馆	mézhekgueu	미술관 ⓫
妹妹	méme	여동생 ❸
门口	ménkoe	입구 ❾
物事	měkzhi	물건 ❹
面包	míbao	빵 ❽
味道	mídao	음식맛 ❼
面条	mídhiao	국수 ❽
明洞	Míndon	명동 ❽
名字	mínzhi	이름 ❹
明朝	míngzao	내일 ❾
姆妈	m̀ma	엄마 ❷
呒没	m̀mek	없다 ❸
呒没关系	m̀mek guàexhi	상관없다 ❷
呒没问题	m̀mek hhuéndhi	문제없다, 괜찮다 ❻
麻烦	móvae	실례하다 ❷

N

㑚	ná	너희 ❶
哪能	nánen	어떠하다 ❺
南京路	Néujinlu	난징루 ❺
南美	Néumé	남미 ❷
南山	Néusae	남산 ❽
暖热	néunik	따뜻하다 ❺
五	ńg	다섯, 5 ❷
五十	ńgsek	50 ❷
外头	ngádhoe	바깥쪽 ⓫
外国	ngágok	외국 ❷
外滩	Ngátae	와이탄 ❹
颜色	ngáesek	색깔 ❽
我	ngó	나 ❶
饿	ngú	배고프다 ❽
二	ní	2, 둘 ❷
廿	niáe	스물, 20 ❷
廿一	niáeyîk	21 ❷
人	nín	사람 ❸
人家	níngak	다른 사람 ❾
认得	níndek	(사람, 길, 글자 등을)알다 ❶

热	nǐk	덥다 ❺	
侬	nón	너, 당신 ❶	

O

澳洲	Ōzōe	호주 ❷
屋里	ôkli	집, 가족 ❸

P

票子	piāozi	표 ❾
浦东	Pūdon	푸동 ❹

Q

千	qì	천, 1000 ❼
去	qī	가다 ❽
汽车	qīco	자동차 ⓫
吃	qîk	마시다, 먹다 ❶
吃法	qîkfa	먹는 방법 ❽
吃酒	qîk jiōe	술을 마시다 ❿
吃饭	qîkvae	밥을 먹다 ❽
吃勿消	qîkvekxiao	못 참겠다, 못말리다 ⓫

七	qîk	7, 일곱 ❷
七十	qîksek	70 ❷
轻	qìn	가볍다 ❽
轻松	qìnson	홀가분하다 ❿
请客	qìnkak	식사 초대하다, 한턱내다 ❻

S

啥	sā	무엇, 무슨 ❶
啥个	sā gek	어떠한 ❺
生煎馒头	sānji méudhoe	셩젠, 군만두 ❻
三	sàe	3, 셋 ❷
三十	sàesek	30 ❷
生日	sànnik	생일 ❷
身体	sènti	몸, 건강 ❶
酸	sèu	시다 ❽
岁	sēu	~세, ~살 ❷
书店	sìdi	서점 ❹
水	sī	물 ❾
四	sī	넷, 4 ❷
四十	sīsek	40 ❷
水果	sīgu	과일 ❽

手机号头	sōeji hháodhoe	휴대폰 번호 ❽
收银台	sōenindhae	수납창구 ❽
所以	sūyhi	그래서 ❿

T

套	tao	세트(양사) ❼
退货	tēhu	환불하다 ❽
忒	têk	너무 ❼
天气	tìqi	날씨 ❺
踢球	tîkjhioe	공을 차다, 축구하다 ❺
听勿懂	tìn vek don	못 알아듣겠다 ⓫

V

万	váe	만, 10000 ❼
哦	vak	의문어기조사 ❸
勿错	věkco	잘한다, 좋다, 괜찮다 ❺
勿过	věkgu	그런데, 그러나 ❽
勿来三	věklaesae	안 된다 ⓫
勿清桑	věkqinsan	모르겠다 ⓫
勿要紧	věkyaojin	괜찮다 ❷

勿要客气	věkyao kâkqi	사양하지 말아라 ❻
复旦大学	Vŏkdae Dhahhok	푸단대학교 ❺

W

喂	wē	여보세요 ❿
微信	Wēxin	웨이신 ❼
下象棋	wúxianjhi	바둑을 두다 ❺

X

前头	xhídhoe	앞쪽 ⓫
谢谢	xhiáxhia	감사하다 ❷
寻着	xhúnzhak	찾았다 ❿
先生	xìsan	선생, ~씨(성인남자의 호칭) ⓫
想	xiān	~하고 싶다 ❺
香烟	xiānyi	담배 ❼
晓得	xiāodek	알다 ❿
小号	xiāohhao	작은 사이즈 ❽
小姐	xiāojia	아가씨, ~양(젊은 여자의 호칭) ⓫
小人	xiāonin	자녀, 아이 ❸
小转弯	xiāozeuwae	우회전 ⓫

姓	xīn	(성이)~이다❶	
辛苦	xīnku	수고하다❷	
新天地	Xìntidhi	신톈띠❻	
兄弟	xiòndhi	형제❸	

Y

要	yāo	~해야 한다, ~할 필요가 있다❻
伊	yhí	그,그녀❶
演出	yhícek	연출, 공연❾
已经	yhíjin	이미, 벌써❽
现金	yhíjin	현금❽
颐和园	Yhīwuyhueu	이허위안, 이화원❽
伊拉	yhíla	그들,그녀들❶
夜景	yhiájin	야경❼
银行	yhínhan	은행❹
油	yhióe	기름지다❽
有	yhióe	~이 있다, ~을 가지고 있다❸
有劲	yhióejin	재미있다❺
用勿着	yhiónvekzhak	~할 필요가 없다❻
越南	Yhìokneu	베트남❷

月	yhuěk	월❷
伊	yì	저, 그❹
伊搭	yìdak	저기, 거기❹
伊个	yìgek	저것, 그것❹
伊面	yìmi	저곳, 저쪽❹
医生	yìsan	의사❺
医院	yìyhueu	병원❹
衣裳	yīzhan	옷❼
尹奉吉烈士	Yhīnvonjhik likzhi	윤봉길 의사⓫
应该	yìngae	응당~해야 한다❿
英国	Yìngok	영국❷
英文	Yìnven	영어❺
因为	yìnhhue	왜냐하면⓫
一	yîk	1❷
一道	yîkdao	함께, 같이❾
一定	yîkdhin	반드시, 꼭❻
一句闲话	yîk ju hhaehho	알았다, O❷⓫
一眼	yîkngae	좀, 약간❻
一歇	yîkxik	잠시, 잠깐❿

Z

再	zàe	다시, 더 ❻
再会	zàehhue	또 만나요, 잘 가 ❶
早	zāo	이르다 ❷
专业	zēunik	전공 ❺
真	zèn	정말 ⓫
长	zhán	길다 ❽
长远	zhányhuéu	오랜만에, 오랫동안 ❿
长城	Zhánzhen	창청, 만리장성 ❽
上半天	zhánbeunti	오전 ❾
上头	zhándhoe	위쪽 ⓫
上海菜	Zhánhaecae	상하이 음식 ❻
上海闲话	Zhánhaehhaehho	상하이어, 상하이말 ❻
上海人	Zhánhaenin	상하이인, 상하이 사람 ❸
侪	zháe	모두, 다 ❼
辰光	zhénguan	시간 ❽
城隍庙	Zhénhhuanmiao	청황묘 ❽
人民公园	Zhénmin Gonyhueu	런민 공원, 인민 공원 ❹
十	zhěk	10, 열 ❷

十一	zhěkyik	11, 십일 ❷
十字路口	zhěkzhi lúkoe	사거리 ⓫
日本	Zhěkben	일본 ❷
是	zhí	~이다 ❸
住	zhí	살다, 거주하다 ❽
茶	zhó	차 ❶
茶具	zhójhu	다기 ❼
昨日	zhǒknik	어제 ⓫
重	zhón	무겁다 ❽
坐	zhú	앉다 ❿
注意	zīyi	주의하다 ❻
支付宝	Zīfubao	즈푸바오, 알리페이 ❼
走	zōe	가다 ⓫
中国	Zòngok	중국 ❷
中国人	Zòngoknín	중국인, 중국 사람 ❸
中饭	zònvae	점심, 중식 ❿
做	zū	~하다 ❺

1993년 8월 처음 상하이에 도착했을 때 도시나 사람들의 모습, 언어를 접하면서 시끌벅적하지만 활기차고 아기자기하면서 동서양이 오묘하게 섞여 있는 도시의 분위기에 매력을 느꼈습니다. 특히 고풍스러운 유럽풍 건물이 도열해 있는 와이탄이나 서민들의 생활모습을 볼 수 있는 뒷골목을 거닐다 보면 상하이의 매력은 더 커집니다.

상하이에서 유학하던 시절, 물건을 사거나 상하이 사람들과 대화를 할 때 상하이어 몇 마디라도 쓰면 외국인이 상하이어까지 할 줄 아는 게 대견하다며 물건 몇 개를 덤으로 주거나 칭찬을 받으면 그게 기분이 좋아 몇 마디씩 더 배웠던 기억이 납니다. 물론 요즘 상하이 사람들은 대부분 표준어를 할 수 있습니다. 하지만 상하이 사람들끼리는 아직도 상하이어를 씁니다. 상하이 사람들과 몇 마디라도 상하이어로 교류를 하면 친밀감과 소속감을 좀 더 느낄 수 있을 것입니다.

최근 상하이에는 다른 지역에서 대량의 인구가 유입되면서 표준어 사용이 빠르게 증가하고 있습니다. 상하이 사람 중에도 젊은 사람들의 상하이어 이탈 경향이 증가하고 있습니다. 상하이 사람들 사이에서 이러다가 상하이 문화의 근간이 되는 상하이어가 사라질지도 모른다는 정체성의 위기감이 생기면서, 상하이에서는 지금 상하이어를 적극 사용하자는 움직임이 일고 있습니다.

상하이는 중국의 경제와 문화 트랜드를 선도하는 세계적인 도시입니다. 상하이에 관심이 있으신 분이라면, 상하이에서 비즈니스를 하시는 분이라면 간단한 한 마디라도 상하이어를 사용해 보세요. 상하이 사람들은 놀라움과 기쁨의 눈빛을 보낼 것이며, 당신은 상하이에서 더욱 뜻 깊은 추억을 간직할 수 있을 것입니다.

이 책은 체계적으로 상하이어를 배울 수 있는 한국 최초의 교재입니다. 여러분이 상하이어를 재미있게 배워 실제로 사용하시는 데 조금이나마 도움이 될 수 있기를 바랍니다. 본 교재에서 사용한 상하이어 발음표기법은 중국 푸단대학교 판샤오(范晓) 교수님과 일본의 에노모토 히데오(榎本英雄) 교수님의 《뉴익스프레스 상하이어》(일본 白水社에서 1985년 처음 출판 후 2018년까지 십 여 차례 재판 발행)를 참고하였음을 밝혀둡니다.

더불어 본 교재 작업을 시작할 수 있도록 의견을 주시고 감수를 해주신 판샤오 교수님, 작업과정에서 상하이어 검수를 도와주신 셩칭 교수님, 루아이화 교수님, 그리고 비주류 언어에 관심을 갖고 출판을 허락해주신 디지스 출판사 김인숙 실장님께도 감사의 마음 전합니다.

김정은, 김민영

판샤오(范晓) 교수는 1935년 상하이 출신으로 푸단(复旦)대학교 중문과를 졸업 후 푸단대학교에서 교수로 재직하면서 어법수사연구실 주임, 중국언어학회 상임이사, 화중사범대학교 객원교수, 푸졘사범대학교와 져장사범대학교 석좌교수 등을 역임하였다. 연구분야는 주로 어법, 수사, 방언, 사전편찬 등이며, 특히 어법이론 분야에서 '삼개평면어법이론'을 제창하여 중국언어학계에 큰 영향을 미쳤다. 논저서는 《三个平面语法观》, 《语法理论纲要》, 《动词研究》, 《句子的多角度研究》 등 저서 20 여 권과 300 여 편의 논문이 있다.

김정은 교수는 푸단대학교 중문과에서 석사, 박사 과정을 마친 후 고려사이버대학교에서 교수로 재직하고 있다. 현대중국어어법 및 중국어교육 분야에서 연구활동을 하고 있으며, 한국중어중문학회, 한국중국언어학회, 한국중국어교육학회 이사 등을 역임하였다.

김민영 박사는 푸단대학교 국제정치학과 박사 수료 후 난징대학교 철학과에서 박사를 마쳤다. 상하이 캉챠오학교 교사, 광시사범대학 교수 등을 역임하였다.

상하이어 열공
첫걸음

저자 김정은 · 김민영 저
감수 판샤오(范曉)

1판 1쇄 2020년 6월 15일
발행인 김인숙   발행처 디지스   교정 · 편집 김인숙
Designer Illustration 김소아

139-240
서울시 노원구 공릉동 653-5   대표전화 02-967-0700
                                팩시밀리 02-967-1555
                                출판등록 6-0406호
                                ISBN 978-89-91064-95-9

인터넷의 세계로 오세요!
www.donginrang.co.kr

홈페이지에서 MP3 무료 다운로드할 수 있습니다.
www.donginrang.co.kr

◘Digis 에서는 참신한 외국어 원고를 모집합니다. e-mail : webmaster@donginrang.co.kr